U0099121

菁品出版．出版精品

菁品出版・出版精品

大師說的對

偉大智者的人生智慧

The Wise Wisdom of the Great Wise

人生就是一堂經營課，
其價值和意義就體現在經營的過程之中。
人生只要善於經營，就能活出生命的精彩，活出全新的自己。

本書為你介紹五位偉大智者的人生智慧，
他們從平凡走向偉大，從默默無聞到享譽世界。

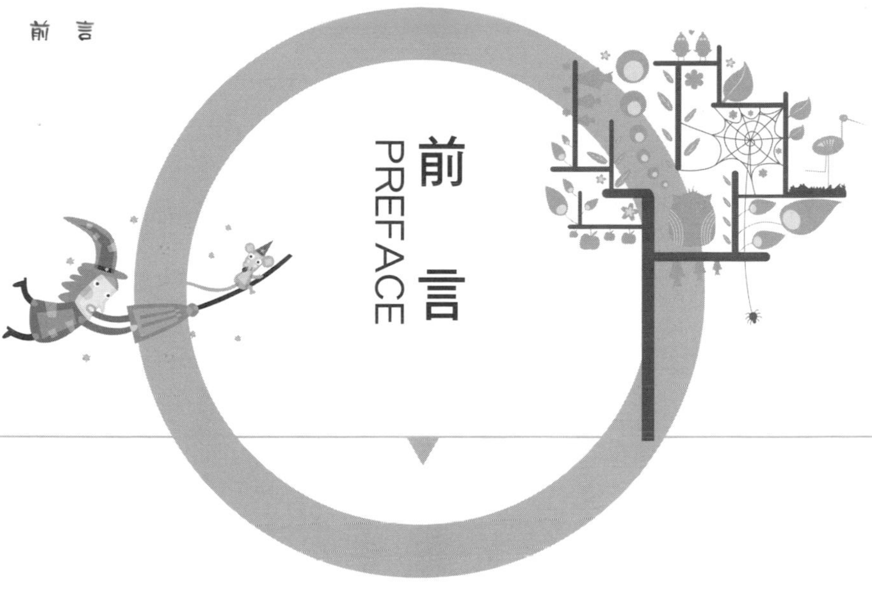

前言 PREFACE

當我們還是孩子的時候，我們無憂無慮，自由自在。而當我們漸漸長大，我們心中難免會有一絲忐忑，不知道未來會是什麼樣子，不知怎樣書寫自己的人生。我們有時還會在人生的十字路口迷茫地徘徊，不知如何走下去，不知走向哪裡。我們覺得人生一邊是大堂，一邊卻是地獄。我們總是徘徊在夢想與現實的邊緣境地。我們覺得生活越來越不美好，一直懵懵懂懂地，在黑暗的人生路上摸索著……

關於心態，我們不太明白積極思考的力量。在困難面前，我們萎靡不振；在失敗面前，我們後悔不迭。我們認為自己天生就是一個失敗者。

關於事業，我們只知道事業就是一份給自己發薪水的工作，是一份迫不得已的苦差，是讓我們生存下去必須付出的辛酸勞動。我們經常會跳槽，頻頻換工作，可最後還是找不到理想的工作。

關於人脈，我們對此一竅不通。我們憎恨那些口是心非，滿腔堆笑的人。我們性格耿直，不擅長與他人交往。我們總是活在自己的世界裡，身邊永遠是那麼幾個朋友。

關於創業，它永遠是我們內心裡最渴望的東西，可是它總是被塵封在心底，從不被執行。即便有人開始創業了，也是雷聲大雨點小，最終在競爭的洪流中淹沒。

關於投資，我們心中充滿期盼，但卻因為膽怯不敢放手一搏。當然，也有膽大的人把自己的全部財力投入股市，可到頭來賠得血本無歸。

關於管理，我們認為那是厲害人物的工作，我們只把自己當做最底層的打工者。即使，我們因為自己的優異表現被提拔了，我們還是只知道在自己的世界裡埋頭苦幹，不懂得運用大家的力量把事情做好。

……

總之，我們在漫漫人生路上，有太多的困惑和無奈，我們不知道自己該怎樣走下去。本書介紹了五位偉大智者的人生智慧，這些智慧結晶將成為你迷途中的路標，把你領向成功的大路。

Chapter

ONE

目錄

CONTENTS

諾曼・文森特・皮爾的積極思考

諾曼・文森特・皮爾是聞名世界的大演講家、心靈作家、大牧師，被譽為「積極思考的鼻祖」。諾曼・文森特・皮爾肯定了積極思考的力量，他認為，只要你想成為什麼樣的人你就可以成為什麼樣的人。如果我們想改變自己的世界和命運，首先應該改變自己的心態。要知道，積極思想可以創造人心未曾預見的美好奇蹟，而負面思想則常常吸引失敗的來臨。所以，我們要像諾曼・文森特・皮爾一樣積極思考。

Chapter TWO

戴爾・卡內基的人際關係學

戴爾・卡內基是美國著名的心理學家和人際關係學家。卡內基開創的「人際關係訓練班」遍佈世界各地。他以超人的智慧、嚴謹的思維，在道德、精神和行為準則上指導萬千讀者，給人安慰，給人鼓舞，使人們從中汲取力量，從而改變我們的生活，開創嶄新的人生。現在，我們就來學習一下戴爾・卡內基的人際關係學。

Chapter

THREE

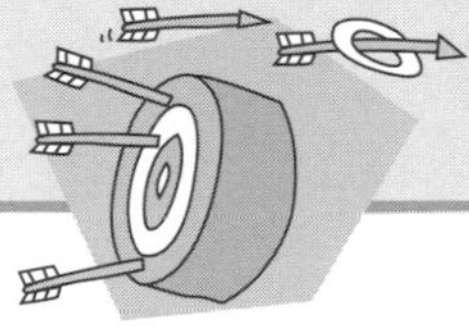

安東尼・羅賓的潛能激發學

世界潛能激勵大師安東尼・羅賓曾經說，成功有四個步驟：1潛能；2行動；3擔結果；4擔信念。假如帶著百分之百的信念去做一件事情，你會發現什麼結果？大量開發潛能，大量行動，就會得到你想要的結果。所以，如果你想有一個讓自己驕傲的人生軌跡，那麼請開發自己的潛能，這樣你會做到你不曾預測自己能做到的事情。

Chapter

FOUR

班傑明・佛蘭克林的 道德修養課

班傑明・佛蘭克林是十八世紀美國的實業家、社會活動家、思想家和外交家，是美國歷史上第一位享有國際聲譽的科學家和發明家，是一位優秀的政治家，美國獨立戰爭的老戰士。他一生最真實的寫照是他自己所說過的一句話：「誠實和勤勉，應該成為你永久的伴侶。」佛蘭克林認為道德修養是每個人立於不敗之地的力量泉源，所以，他提出了一些道德準則。下面我們就一起瞭解一下。

Chapter

FIVE

馬克・奧勒留的處世哲學

馬可・奧勒留・安東尼（西元一二一－一八〇），原名馬可・阿尼厄斯・維勒斯，是斯多亞派著名哲學家、古羅馬帝國皇帝。《沉思錄》是馬可・奧勒留寫給他自己如何好好活著的手冊，他在馬背上為自己的國家和子民征戰，卻依然能用如此誠摯和美好的筆觸勾勒出這些樸實而又令人深思的話語。直到今天，馬克・奧勒留和他的《沉思錄》仍對現代人有深遠的影響。

Chapter

ONE

諾曼・文森特皮爾的積極思考

諾曼・文森特・皮爾是聞名世界的大演講家、心靈作家、大牧師，被譽為「積極思考的鼻祖」。諾曼・文森特・皮爾肯定了積極思考的力量，他認為，只要你想成為什麼樣的人你就可以成為什麼樣的人。如果我們想改變自己的世界和命運，首先應該改變自己的心態。要知道，積極思想可以創造人心未曾預見的美好奇蹟，而負面思想則常常吸引失敗的來臨。所以，我們要像諾曼・文森特・皮爾一樣積極思考。

保持積極的心態，主動做事

諾曼・文森特・皮爾被譽為「積極思考之父」，他充分肯定了積極心態對成功的重要性。他還認為，相信奇蹟你就會生活在奇蹟當中。在他的《積極思考的力量》、《積極心態的力量：熱情令你重獲新生》、《活出積極心態2：活出活力》等著作中闡述了積極心態對人發展的重要性。

其實，心態就是指對事物發展的反應和理解表現出不同的思想狀態和觀點。世間萬事萬物，你可從兩種角度去看它：一個是正的，積極的；另一個是負的，消極的。這一正一反，完全決定於你自己的想法。關於積極的心態，有這樣一個故事：

一個星期六的早晨，一位牧師正在為準備第二天的演講傷透腦筋，他的太太出去買東西了，小兒子由於沒人照看一直在旁吵個不停。牧師隨手拿起一本舊雜誌順手一翻，無意間看到一張色彩鮮麗的巨幅圖畫，那是一張世界地圖。於是他把這一頁撕了下來，撕成碎片，丟到了客廳的地板上，然後對小兒子說：「強尼，來，把它拼起來，我就給你兩毛五分錢。」牧師以為他至少能安靜個半天，怎料不到十分鐘，他的書房就響起了敲門聲，「爸爸，我已經拼好了。」兒子強尼喊道。牧師驚訝萬分，他怎麼能這麼快就拼好了，而且每一片紙頭都整整齊齊地排在一起，整張地圖又恢復了原狀。「兒子啊，你怎麼做到的？」牧師問道。「很簡單呀！」強尼說，「這張地圖的背面有一個人的圖畫。我先把一張紙放在下面，把人的圖畫放在上面拼起來，再放一張紙在拼好的圖上面，然後翻過來就好了。我想，假使人拼得對，地圖也該拼得對才是。」聽完，牧師忍不住笑了起來，立刻給兒子兩毛五的鎳幣。「兒子呀，你把明天演講的題目也給了我了。」牧師說道，「假使一個人是對的，他的世界也是對的。」

這個故事告訴我們，如果一個人有積極的心態，那麼他周圍所有的問題都將迎刃而解。積極的心態能讓一個人充滿自信、受人歡迎、知足常樂、備感幸福，更重要的是它還能讓人改變自我、改變世界。

塞爾瑪的丈夫奉命到沙漠裡參加演習，塞爾瑪為了陪丈夫就跟著丈夫來到沙漠的陸軍基地。白天丈夫參加演習，把她一個人留在營地的小鐵皮房子裡。誰都知道，沙漠白天溫度很高，天氣熱得讓人受不了，即便是在仙人掌的陰影下也有一百二十五華氏度。最讓她難受的是她沒有任何人可以聊天，因為身邊只有墨西哥人和印第安人，他們根本就不會說英語，而塞爾瑪也不會墨西哥語和印第安語。每天她唯一能做的事情就是盼望丈夫早點回來，可是時間似乎總是過得很慢。她非常難過，於是就寫信給父母，說她想要拋開一切回家去。

父親的回信很短，只有簡單的兩行，可就是這兩行字卻永遠留在她心中，甚至完全改變了她的生活。那兩行字是這麼寫的：「兩個人從牢中的鐵窗望出去，一個看到泥土，一個卻看到了星星。」

父親的回信簡短而有力，卻讓她心頭一顫，終於明白了父親的良苦用心，慚愧之至的她決定要在沙漠中找到星星。

於是塞爾瑪開始努力地和當地人交朋友，而當地人也很熱情地和塞爾瑪交流。他們的反應使她非常驚奇，漸漸地她開始對當地人的紡織、陶器表示感興趣，而當地人也很大方地把自己最喜歡但又捨不得賣給觀光客的紡織品和陶器都送給了她。塞爾瑪研究那些引人入迷的仙人掌和各種沙漠植物，又學習有關土撥鼠的知識。有時間的時候，塞爾瑪還陪著當地人一起去觀看沙漠日落，尋找幾萬年前這沙漠還是海洋時留下來的海螺殼。她的生活開始發生了巨大變化，原來難以忍受的環境變成了令人興奮、留連忘返的奇景。塞爾瑪再也不會拋開一切回家去了，她開始喜歡上了這個地方。

沙漠沒變，人沒變，所有的事情都沒變，可是塞爾瑪的生活卻發生了巨大的改變，那到底是什麼原因呢？原因就是塞爾瑪的心態發生了變化。這就是心態的力量。

有的人成功，而有的人卻失敗，這在很大程度上不完全依賴於一個人的真才實學，也不是依賴於一個人有多少好運氣，而是要看這個人的心態到底怎樣。是那些有著積極向上不畏艱難險阻的心態的人，只要肯努力，就一定能成功。到那個時候的心情，就自然而然地好了起來。一個人的心態，在很大程度上決定了一個人人生的成敗。那麼，如何培養積極的心態呢？

第一，言行舉止像你希望成為的人那樣。這種潛移默化的影響，將會使你成為你所希望成為的人，這樣你的心態會一直處在積極狀態，甚至是極度興奮的狀態，生活對於你來說，就如同美夢一般的甜美。

第二，把自己看成成功者。一個對自己內心有著完全支配能力的人，對自己有權獲得的任何東西也會有支配能力。因此當我們一開始就認為自己是成功者的時候，我們就已經開始成功了。

第三，務必使自己養成精益求精的習慣。以愛心和熱情堅持這種習慣，如果能使這種習慣變成一種嗜好，那是最好不過的了。如果不能的話，至少你應該記住：懶散的心態，很快就會變成消極心態。

第四，保持心情愉快。早晨起床後，就要決心過愉快的一天，下決心不要為瑣事煩心，提醒自己記住情緒的力量非常大。如果在愉快、積極的氣氛中醒來，加上潛意識的作用，一天的心情都會感到舒暢。若因無謂的事而煩惱、不愉快時，應趕緊注意糾正。

第五，時時刻刻心存感激。一個經常心存感激的人一定是一個非常有前途的人，因為這種人對生活永遠都是一種感激的態度，而不是抱怨的態度，也正是因為時刻都有感激的心理，這類人往往能積極地面對自己的生活。

第六，懂得微笑。面對一個微笑的人，我們能感覺到所有美好的東西，包括自信和友好。因為微笑能鼓勵自己，也能鼓勵周圍的人，給自己信心，也能給別人信心。在和陌生人見面時，微微的一笑可以融化人們之間的陌生和隔閡。當然，前提是這種微笑必須是真誠的。

第七，使你自己瞭解一點，打倒你的不是挫折，而是你面對挫折時的心態。訓練自己在每一次不如意的處境中都能發現與挫折等值的積極一面。

總之，積極的心態能把人帶向成功的彼岸，而消極的心態卻能把人帶向失敗的峽谷。積極的心態能創造一切，而消極的心態卻只會摧毀一切。

諾曼・文森特・皮爾的積極思考

人的能力是無限的，每個人能創造出來的價值也是無限的。可是為什麼人與人之間有這麼大的差異，為什麼有的人像是生活在天上，而有的人卻像是生活在地獄？這是因為成功者都有積極的心態。人們需要保持內心積極的力量，從始至終永不放棄。特別是在人生中不如意、不順心、不快樂的階段，更是需要擁有充足的心靈資源來支撐渡過。

給自己積極的心理暗示

羅森塔爾教授是美國著名的心理學家，他曾經和同事來到一所普通的學校做了一個試驗。首先對學生進行智力測驗，測試結束後，他們告訴教師們說，班上有些學生屬於大器晚成者，並把這些學生的名字念給老師聽。羅森塔爾認為，這些學生的學習成績可望得到改善。自從羅森塔爾宣布大器晚成者的名單之後，羅森塔爾就再也沒有和這些學生接觸過，老師們也再沒有提起過這件事。期末，再對這些學生進行智力測驗時，他們的成績顯著優於第一次測得的結果。

而事實上所有的所謂大器晚成者，是隨機挑選出來的，他們與班上其他學生沒有顯著差異。為什麼會產生這樣的奇蹟呢？這仍然是心理暗示的作用。羅森塔爾教授是著名的心理學教授，在教師心目中是權威，因而教師對他的判斷深信不疑，對那幾名幸運的學生產生了積極的期待，像對待聰明的孩子一樣對待他們；而這幾名學生也感受到了這種期待，認為自己是聰明的，從而提升了自信心，提高了學習標準。最終他們成了真正的佼佼者。

這個著名的試驗現象被稱為「羅森塔爾效應」。

有一個矮小的法國移民，名字叫亨利，十分艱難地在美國生活。當有人告訴他可能是拿破崙的孫子時，他雖然半信半疑，但仍然樂意相信這是真的。於是他的整個人生改變了。以前，他常常因個子矮小而自卑，但他現在卻想：「我爺爺就是靠這種形象指揮千軍萬馬的。」當他遇到困難時，他就想：「在拿破崙的字典裡找不到『難』字。」他終於成為一家大公司的董事長。在他成功以後，他還曾派人去調查自己的身世，調查的結果是：他和拿破崙毫無血緣關係。

由此看來，心理暗示常常對人生的改變是巨大的。而積極的暗示會幫助人們改變自己，獲得意想不到的成功。

在第二十二屆奧運會的賽場上，日本運動員具志堅幸司每次出場前都要給自己積極的暗示，他總是在緊閉雙目的同時，口中念念有詞。男子體操決賽中，中國體操名將李甯、童非，美國體操明星麥克唐納、康納斯等相繼出現失手，唯獨具志堅幸司一路發揮正常，最後奪得全能冠軍。比賽結束後，有記者問他，上場前口中默念的是什麼？具志堅幸司說他在場上總是不斷暗示自己是最強的，曾成功的。他的這種自我激勵的「默念」，為他最後的成功起到了積極的作用。

上面的兩個故事都顯示了積極暗示的神奇力量。在心理學上，自我暗示指通過主觀想像某種特殊的人與事物的存在來進行自我刺激，達到改變行為和主觀經驗的目的。

積極的自我暗示是一種自我肯定的方法，它對某種事物積極的敘述和想像，讓我們正在想像的目標在腦海中變得堅定和持久。進行肯定的練習，能讓我們開始用一些更積極的思想和概念來替代我們過去陳舊的、否定性的思維模式。這是一種強而有力的技巧，能在短時間內改變我們對生活的態度和期望。

積極心理暗示，可以促進一個人事業的成長，可以使人形成成熟的心態，使人努力奮鬥和堅強不屈。相反的，消極的心理暗示也可以使一個人完全放棄奮鬥的慾望，甚至是求生的本能。美國鐵路職員尼克，當他被同事不慎鎖在冰冷的冷凍庫房裡的時候，他的內心已經被「完了」的暗示所佔據，他沒有做任何抗爭，甚至沒有看一下冰櫃是否有開啟。他最終不是死於冷凍庫房的溫度，而是死於心中沒有了求生的慾望。

兩種不同的心理暗示，產生了兩種不同的情緒，也造成了全然不同的結果。有人曾說：「一切的成就，一切的財富，都始於一個意念。」我們還可以再說得淺顯全面一些：

你習慣於在心理上進行什麼樣的自我暗示，就是你貧與富、成與敗的根本原因。

諾曼・文森特・皮爾說他曾在飛機上遇到了一個看上去很憂鬱的人，因此決定與他談一談。

「你怎麼了？」皮爾問道。在經過一番「哄騙」和「引誘」後，皮爾終於瞭解了那個人憂鬱的原因。原來是因為那人剛剛接到了一個升職的機會，但他懷疑自己是否具有接受這項工作的能力或條件。

「我真的懷疑自己是否有這個能力。」那人充滿懷疑地說。

「你能行，你有這個能力。」皮爾博士這樣回答他。

「你怎麼知道？」那人好奇地問。

皮爾博士回答說：「只要敢想你就行。」

那人聽完後沒有說話，開始深思。

皮爾博士又一次加重語氣非常肯定地說道：「只要敢想你就行！」

「為什麼？」那人睜大了眼睛，仍是疑慮。

「因為上帝與你同在。」皮爾看著他的眼睛說。

然後他鼓勵那個人，每天早上醒來第一件事，就是反覆對自己說「敢想！敢做！我很勇敢！」這句話來激勵自己。

當飛機著陸時，那個憂鬱的人已經有了完全不同的精神狀態。他已經接受了積極思維的洗禮。

所以，你要相信你自己，不斷鼓勵自己，給自己積極的心理暗示，並以此為動力來行動。總之，你要發揮積極心理暗示的作用，保持良好心態，信心百倍地去創造人生輝煌！

諾曼．文森特．皮爾的積極思考

發展積極心態、走向成功的主要途徑是：堅持在心理上進行積極的自我暗示，去做那些想做而又怕做的事情。自我鼓勵、自信成功是一種積極的心理暗示，它對人的情緒和生理狀態能產生良好的影響，可以調動人的內在潛能，使其發揮最大的能力。

堅定的信念可以戰勝一切

諾曼・文森特・皮爾曾經在書中講了布萊恩・史提德的可怕遭遇。

一家公司派加拿大飛行員布萊恩・史提德去勘察荒原上的一處湖泊，考察該湖泊能不能作為補給基地。開始他非常熟練地降落在湖上，但是當他迎著風準備起飛時，帽子被吹到水裡了。那是他最喜愛的一頂帽子，他不想失去它，因此，他把飛機開到那頂漂浮在水上的帽子那裡，並把速度減到最低。當他下到浮架上要去抓那頂漂浮的帽子時，不小心在一處小的傾斜面上滑了一下，上身跌向正旋轉著的螺旋槳。

布萊恩・史提德覺得肩部挨了一下重擊，接著在水中猛烈地掙扎著。他並不覺得特別疼痛，因為他以為可能只是撞到一根支架而已。隨後他覺得右臂有些不對勁，於是用左手游泳。當他想爬上飛機的時候，才發現他的右臂已經被旋轉的螺旋槳完全砍斷了，肩部正大量流血。他立刻意識到，除非馬上採取行動，否則自己會因為流血過多而死去。就在這時候，他想到死去可能更好，因為沒有右臂他怎麼能夠活下去呢？但當他想到自己的妻兒時，這種想法很快就被排除了。血從他肩部直向下流，他越來越覺得頭暈。這真是一個令人慌亂的場面——右臂斷了，大量流血，獨自在荒野中，遠離可以獲得救助的地方。

在這種困境之中，他為什麼沒有慌亂呢？答案是：布萊恩・史提德是一位有堅強信念的人。處在這種困境裡，他知道在哪裡可以找到更好的幫助。他恢復了體力並爬進駕駛艙裡，本能告訴他怎樣以一隻手運用一個止血帶止住他肩部的流血。他使飛行速度加快，卻一點都沒有發暈的感覺。他終於飛回了基地，在那裡，他的兩個朋友為他進行了急救處理，然後用飛機把他送到了醫院。

當布萊恩・史提德提到這段令人難以置信的遭遇時，他說：「許多人告訴我，大多數荒野飛行員如果發現自己處在我那種困境，都可能驚慌失措。或許我也會的，如果我不知道下面這句話所包含的真理：信念是我們的避難所，是我們的力量，是我們在患難中隨時可以得到的幫助。」

有一對不幸的母女，母親在女兒兩歲多時患了癌症，醫生說她最多能活幾個月。更不幸的事情又接踵而來，她的丈夫是跑運輸的貨運司機，在一次雨天運貨時車翻人亡。災難似乎決心要摧毀這個家庭，但這位母親卻為了女兒堅持住了。

事故處理後，她用所有的積蓄開了一間小百貨店，發誓要讓女兒健康成長。她一次次接受手術和化療，生命成了痛苦不堪的負擔。每次醫生都說：「可能只有幾個月時間了。」但她不甘心，她對自己說：「我必須活著，活到女兒大學畢業。」

她的病最終沒能治癒，但她卻因為一個堅強的信念而將死亡推後了整整二十年。她是在看到女兒大學畢業走上工作崗位兩星期後逝世的。很多人，包括為她治療的醫生們，都深深地為這位母親因愛而生的信念力量而感動不已。

這位母親就是用堅定的信念激發了生命的潛能。女兒是她的牽掛，所以她一定要把女兒撫養成人才能放心，就憑藉這樣的信念，她為自己的生命贏得了二十年。這是怎樣的奇蹟啊！

信念是一個力大無比的巨人，它可以創造出令人難以置信的奇蹟。當你遇到挫折時，如果你認為自己被打倒了，那麼你就真正被打倒了。如果你認為自己仍屹立不倒，那麼你就真的屹立未倒。所謂「心想事成」不是天方夜譚，而是靠堅定的信念支撐。那些有所成就的人，都有堅定的信念，無論是順境還是逆境，他們都不曾忘卻自己所堅持的信念。信念在逆境中能夠讓人產生極強的求生慾望，支撐自己活下去。

六名礦工在深井工作時，礦井突然坍塌，出口被堵住，礦工們頓時與外界隔絕了。大家你看看我，我看看你，一言不發。他們一眼就能看出自己所處的險境。憑經驗，他們意識到自己面臨的最大問題是缺乏氧氣，如果應對得當，井下的空氣還能維持三個多小時，最多三個半小時。

外面的人一定已經知道他們被困了，但發生這麼嚴重的坍塌，就意味著必須重新打眼鑽井才能找到他們。在氧氣耗盡之前他們能獲救嗎？這些有經驗的礦工決定盡一切努力節省氧氣。他們說好了要盡量減少體力消耗，關掉隨身攜帶的照明燈，全部平躺在地上。

在四周一片漆黑的情況下，很難估計時間，幸好他們當中有人有夜光錶。五個人都向這個人問時間：過了多少時間了？還有多長時間？現在幾點了？時間被拉長了，在他們看來，兩分鐘的時間就像一個小時一樣，每聽到一次回答，他們就感到更加絕望。

他們當中的負責人發現，如果再這樣焦慮下去，他們的呼吸會更急促，這樣會要了他們的命的。所以他要求由戴手錶的人來掌握時間，每半小時通報一次，其他人一律不許再問。

大家遵守了命令。當第一個半小時過去後，這個人就說：「過了半小時了。」大家都喃喃低語著，空氣中瀰漫著愁雲慘霧。戴手錶的人發現，隨著時間慢慢過去，通知大家最後期限的臨近也越來越艱難。於是他擅自決定不讓大家死得那麼痛苦，他在通報第二個小時的時候，其實已經過了四十五分鐘。

誰也沒有注意到有什麼問題，因為大家都相信他。在第一次說謊成功之後，第三次通報時間就延長到了一小時以後。他說：「又是半個小時過去了。」另外五個人各自都在心裡計算著自己還剩下多少時間。

錶針繼續走著，大家都怕聽到時間通報。外面的人加快了營救工作，他們知道被困礦工的位置，但他們很難在四個小時之內救出他們。

四個半小時過去了，最可能發生的結果是找到六名礦工的屍體，但他們發現其中五人還活著，只有一個人窒息而死，他就是那個戴錶的人。

帶錶的人知道準確的時間，所以他認定自己在三個半小時後肯定會死去，其餘的五個人也有這種認定，但是他們沒有聽到報時就認定了半個小時還沒到，所以他們堅持了更長的時間。

生命的潛能真的有無限大。在絕境之中，如果有一種堅定的信念支撐的話，就可以無限地激發潛能，很多平常做不到的事，甚至看似不可能的事我們都能做到。堅定的信念是可以創造奇蹟的。所以，我們應該找到自己的信念，並始終把它記在心上，那樣我們一定會獲得更大的成功。

諾曼・文森特・皮爾的積極思考

信念是一種強大的力量，它可以使人在黑暗中不停止摸索，在失敗中不放棄奮鬥，在挫折中不忘卻追求。在它面前，天大的困難都微不足道，無邊的艱險也不足為奇。信念是支撐一個人的支柱，人一定要用堅定的信念支撐自己在人生道路上走下去。

做了就不要後悔

諾曼・文森特・皮爾說：「今天的一切都是最好的。」所以，我們只能讓自己努力把今天過好，而不能活在過去，活在曾經的傷痛裡。人的一生往往面臨著很多的選擇，無論我們做過什麼，都經歷過選擇。如果我們的選擇是對的，那麼快樂、幸福會跟隨我們；如果我們的選擇錯了，很少有人能做到寵辱不驚，總是會問自己，如果當初不是這麼選擇，會怎麼樣呢？於是各種悔意湧上心頭，所以我們總是能經常聽到身邊有朋友嘆惜，我真後悔呀……生活就是這樣捉弄人，讓你在後悔與反後悔中曲折前進。

是啊，如果重新選擇，結果會怎麼樣呢？誰也不知道，因為人生不可能重來，也由不得你設想，更不可能事事如意。所以，不要後悔你的選擇，因為後悔也換不來你的過去，過去的已經過去了，將來還是要面對，有時間來後悔，不如把時間放在對將來的打算上。下面這位印度的哲學家，就用他一生的故事告訴我們，人生即使失敗了也不用後悔。

三十年前，一個年輕人離開安逸的故鄉，外出闖蕩自己的人生。他動身前，先去拜訪了本族的族長，請求老族長給他一些指點。

老族長正在練字，他聽說本族有位後輩開始踏上人生的旅途，就寫了三個字：不要怕。然後抬起頭來，望著年輕人說：「孩子，人生的秘訣只有六個字，今天先告訴你三個，供你半生受用，還有一半，等你回來的時候就知道了。」

三十年後，這個從前的年輕人已是人到中年，有了一些成就，也添了很多傷心事。歸程漫漫，到了家鄉，他又去拜訪那位族長。

到了族長家裡，他才知道老人家幾年前已經去世。家人取出一個密封的信封對他說：「這是族長生前留給你的，他說有一天你會再來。」還鄉的遊子這才想起來，三十年前他在這裡聽到人生的一半秘訣。拆開信封，裡面赫然又是三個大字：不後悔。

是啊，人生有什麼值得後悔的？後悔又有何用呢？這個世界最公平的一點就在於，從來就沒有什麼後悔藥。

一位哲學家，天生一股文人氣質，惹無數名媛傾心。

某日，一個女子來敲他的門，她說：讓我做你的妻子吧！錯過我，你將再也找不到比我更愛你的女人了！哲學家雖然也很中意她，但善於思考的腦袋還是讓他決定，凡事不急於一時，再考慮考慮！

女子走後，哲學家用他一貫研究學問的精神，將結婚和不結婚的好、壞所在分別列下來，才發現，好壞均等，真不知該如何抉擇。於是，他陷入了長期的苦惱之中，無論他又找出什麼新的理由，都只是徒增選擇的困難。最後，他得出一個結論——人若在面臨抉擇而無法取捨的時候，應該選擇自己尚未經驗過的那一個。不結婚的處境我是清楚的，但結婚會是個怎樣的情況，我還不知道，所以，我該答應那個女人的央求。

哲學家來到女人的家中，請求女人的父親將她嫁給自己。女人的父親冷漠地回答：「你來晚了十年，我女兒現在已經是三個孩子的媽了。」

哲學家聽了後幾乎崩潰，他萬萬沒有想到，向來自以為傲的哲學頭腦，最後換來的竟然是一場悔恨。

在以後的兩年裡，哲學家在悔恨交加中抑鬱成疾，臨死前，將自己所有的著作丟入火堆，只留下一段對人生的批註——如果將人生一分為二，前半段人生哲學是「不猶豫」，後半段人生哲學是「不後悔」。而哲學家自己一生的悲劇，就在於抉擇時猶豫，失敗時沉溺於後悔不能自拔。

失去了某件東西，難免情感上會有失落，產生後悔心理也是人之常情。當失去健康時，你會後悔沒有經常鍛鍊或者注意保養身體；當失去親人時，你會後悔陪伴的少了點；當失去機遇時，你會後悔自己太粗心大意，白白讓機會從手心裡溜走；當失去工作時，你會後悔當初沒有認真積極工作……失去了，如果整天沉湎於後悔，妄想有朝一日能夠回到從前，可以從頭再來，那便是癡人說夢了。生活不是在電腦裡寫文章，能夠一次又一次使用複製、刪除、貼上或者撤銷鍵，它是「硬刪除」，怎麼也不能恢復的。

失敗了，懊惱的情緒是自然的反應，但千萬不要沉溺於後悔之中不能自拔。懊惱感慨之後繼續前行，前路漫漫，無限可能，你還有很多成功的機會。但若在原地不斷後悔自責，那你將失去更多，並再也沒有機會品嚐到未來的成功。

人生，有失有得，有得有失，只要還好好活著，錯過了可以去彌補，或用積極心態去努力爭取；如果你沉溺於過去的失敗，不斷地責怪自己錯誤的選擇，那麼你的未來不過是過去的重現！

時光不能倒流，人生不能後悔。後悔是情感的寄託，不是人生的歸宿。善於從後悔中走出來，才是人生的真諦。

諾曼．文森特．皮爾的積極思考

現實中很多人忘記了自己擁有的，卻花一生去為失去的後悔。其實，我們要學會運用積極正面的思考模式，凡事往積極的一面想，事情過去後就不要後悔。無論怎樣都不要後悔，後悔的情緒比你做錯的事更可怕，因為這會摧毀你的自信、自尊並很有可能讓你去做一件更錯的事。

即使深陷谷底，也要保持希望

關於希望到底好不好，電影《蕭申克的救贖》中有過經典的描述。正是因為沒有失去希望，安迪才能夠在近乎絕望的情境下，用十九年的時間為自己挖出一條逃生之路，實現自己在太平洋上自由泛舟的夢想。我們中的大多數，都不會面臨比安迪更糟的情形，然而你能像他一樣，對希望抱著近乎虔誠的堅持嗎？

那麼，希望到底是什麼呢？希望是在被厄運纏繞的時候，不暴躁發怒等待機會；是在痛苦時，不氣餒依然全心投入奮鬥；是在身處黑暗的時候，心中的那一盞不滅的光明之燈。在這個世界上，希望是我們最強有力的支撐，只要我們有希望、有信念，不管遇見什麼樣的事情，我們都有足夠的力量和勇氣去奮鬥。

一九三〇年正值大恐慌，可能是美國歷史上經濟最惡劣的時代。許多工廠倒閉，成千上萬的人失業，各行各業都一再減薪，免費餐店和發放麵包的地方排起長龍。其中不少人過去原是富人，三十歲以上的人根本找不到工作。皮爾就是在這樣一個秋天的下午，在沒落的第五大街見到老朋友弗雷德的。

「過得還好嗎？」皮爾試探著問。弗雷德穿著深藍色的西裝，老式西裝磨出了一層油光，誰都能一眼看出他那套西裝穿了有多久了，他說話的口吻和過去一模一樣，一點也沒有改變。「沒有問題，我過得很好，請不用擔心。失業很久當然是事實，只不過每天早晨都到城裡各處找工作。這麼大一個城市一定有適合我的工作，只要耐心尋找，一定會找到的。」他說。

「你總是這樣笑嘻嘻的嗎？」皮爾問他。他回答道：「這不是很合理嗎？我記得在哪裡讀過，繃起臉來時要用六十條肌肉，但笑的時候只要用十四條肌肉。我不想繃起臉，過度使用肌肉。」這個時候，弗雷德向好友談起了自己的人生觀和信仰，相信自己一定能夠重獲工作的。弗雷德繼續說道：「我的信仰是我虔誠的父母培育的。我的家境雖然很貧窮，但母親完全不在意，她常常說『上帝會賜給我們食物』，一點都沒有錯，上帝一次也沒有遺棄我的母親。上帝應該也不曾遺棄我的。」他站在擠滿了急於找工作的失業者的大街上，引用了《聖經》裡的話說：「曾經年輕的我現在老了。可是我從來沒有看到正義被遺棄，正義的子孫乞求麵包的情形。不論多麼困難我都這樣相信，我的父母一直教導我要相信。所以我始終懷著希望和信念。」

後來，弗雷德和一個具有發明才能的人共同創業，在新的領域中，弗雷德充滿創意的構想獲得了成功。在此之前他忍受了許多苦難，過著貧窮的生活，但他始終能堅守信念，獲得了極大的成就。他積極的生活態度，使認識他的人都對他充滿敬佩。相比起弗雷德的成功而言，弗雷德積極的生活態度，則更讓人們對他充滿了敬佩。

人的一生是豐富多彩的，但也是酸甜苦辣並存的。每個人都有過春風得意的日子，每個人也都有垂頭喪氣的時候。有人總是在成功時忘乎所以，遇到失敗時灰心喪氣，這是典型的情商不高的表現。其實失敗和挫折是常事，有的人可以扛下來，有的人卻受不了。其實，能夠扛下來的人不是他有多大的本事，而是他心中有著美好的希望，這種希望給了他信念和力量，使他看到了美好的未來，讓他向前一直走，而不是活在過去的痛苦中。生活對於每個人都是一樣，希望那扇窗從來就沒有關閉。如果你願意，它會隨時隨地向你敞開。

她從小就「與眾不同」，因為小兒麻痺症。隨著年齡的增長，她的憂鬱和自卑感越來越重，甚至，她拒絕所有人的靠近。

但鄰居家那個只有一隻胳膊的老人卻成為她的好夥伴。老人是在一場戰爭中失去一隻胳膊的，非常樂觀，她非常喜歡聽老人講故事。這天，她被老人用輪椅推著去附近的一所幼稚園，操場上孩子們動聽的歌聲吸引了他們。當一首歌唱完，老人說：「我們為他們鼓掌吧！」她吃驚地看著老人，問道：「我的胳膊動不了，你只有一隻胳膊，怎麼鼓掌啊？」老人對她笑了笑，解開襯衣扣子，露出胸膛，用手掌拍起了胸膛……那是一個初春，風中還有著幾分寒意，但她卻突然感覺自己的身體裡湧動起一股暖流。老人對她笑了笑，說：「只要努力，一個巴掌一樣可以拍響。你一樣能站起來的！」那天晚上，她讓父親寫了一張字條貼到了牆上，上面是這樣的一行字：一個巴掌也能拍響。

從此之後，她開始配合醫生做運動。甚至在父母不在時，她自己扔開拐杖，試著走路。經過堅持不懈的漫長努力後，她終於在十一歲時扔掉了拐杖，可以獨立行走。她又向另一個更高的目標努力著，她開始鍛鍊打籃球並參加田徑運動。一九六〇年羅馬奧運會女子一百公尺決賽，當她以十一秒十八第一個撞線後，掌聲雷動，人們都站起來為她喝彩，齊聲歡呼著這個美國黑人的名字：威爾瑪·魯道夫。那一屆奧運會上，威爾瑪·魯道夫成為當時世界上跑得最快的女人，她共摘取了三枚金牌，也是第一個黑人奧運女子百公尺冠軍。

故事中的威爾瑪·魯道夫就是一個不放棄希望的人，正是希望之光帶領和支撐著她不斷奮鬥，最終取得成功。

我們常說：「哀莫大於心死。」倘若人生失去了希望，那麼人就真的是如同行屍走肉，生不如死了。希望是存在的，然而如果你緊緊關上了所有門窗，它又怎麼能來到你身邊呢？英國的一個政治家曾說：「絕望是愚蠢的人下的結論。」歌德也曾說：「能從絕望中逃脫，一定要有堅強的意志。所以不要只是在那兒一味地煩惱，要立即採取行動，使自己從絕望中逃脫出來。你要相信新的一天就會有新的希望。」其實一個人要是絕望時，是沒有時間去唉聲歎氣的，他只能讓自己從絕望中堅強地站起來。只要活著，就不能放棄希望，要努力脫離絕望，去尋求事情轉機。

諾曼．文森特．皮爾的積極思考

諾曼．文森特．皮爾曾說：「一個沒有希望的人，就像僵屍一樣，所以人只要活著就不能放棄希望。如果你能從絕望中逃脫，就一定能成就一切。」所以，在生活中你不要讓自己跌倒；但如果你跌倒了，就更不能讓自己永遠都爬不起來。

自信，快樂與成功的源頭

諾曼．文森特．皮爾曾在他書中寫到過這樣一個故事。

一個寒冷的冬天早晨，一個朋友到旅館來接我，開車送我到三十五英里外的另一個城市去演講。車子在濕滑的路面上快速行駛，由於他的車速比我想像的要快，所以我提醒他我們還有很多時間，可以開慢一些。

「你不要擔心我的駕駛技術。」他回答，「我過去心中充滿了各種不安，但是我都克服了。我過去什麼都怕，如果家人出門，我就會一直擔心直到他們回來。我總覺得會有什麼禍事要發生，我的日子過得一團糟。我整個人也都活在自卑當中。在我的工作上也是，我的表現一直不好。但是我設想了一個美好的計畫，這個計畫掃空了我腦子裡所有的不安，現在我對自己和整個生活信心十足。」

這就是那個「美好的計畫」，他指著儀錶板上夾著的兩個夾子，連著夾子的是一盒小卡片。他選了其中的一張，然後把它拿出來夾在夾子上。卡片上寫著：如果你們有信心，就沒有什麼事情是你們不能做到的。

美國著名激勵大師卡內基也有這樣一段話：「發現你自己，你就是你。記住，地球上沒有和你一樣的人……在這個世界上，你是一種獨特的存在。你只能以自己的方式歌唱，你只能以自己的方式繪畫。你是你的經驗，你的環境，你的遺傳造就了你。」

誠然，不要期許在別人的目光中讀到自己的影子，不要期許在別人的笑容裡嗅到自己的花期。你有自己的夢想，你有自己的故事。你就是你。藍天中有你放飛的理想，大地上有你不懈的痕跡，大海裡有你奮游的寫意！你就是你！自信是你勝利的旗幟，執著是你堅實的階梯。

貝內特最近接到一個國外打來的電話，聲音聽來不像是他認識的人。這是一個年輕人，說英語，但是帶著一點畏怯，甚至於有點歉意的態度。「我真的碰到了一個我沒有辦法處理的事，我就知道我不能，事實上，這確實超出了我的能力，我不能……」他的聲音因絕望而低沉下去。

「你認為你是一個正常人嗎？」貝內特插話道。

「你是說我心智正常嗎？哦，倒沒有人問過我這個問題，不過我不是瘋狂古怪的人。」

「很好。你生病了嗎？還是身體有什麼不舒服？」

「哦，沒有。我很年輕，非常健康。」

「太好了，你受過什麼教育？」

「我大學畢業，而且成績很好。」

「好，年輕人，我們來看看現在的情況。你是一個心智和身體都很正常的人，並受過良好的教育。那麼是什麼原因使得你花很多錢打這個橫越大西洋的電話給我，用微弱而帶有恐懼的聲音，告訴我你面臨著一種你確信你不能夠處理的情況？」

「哦，你知道的，想到有那麼多困難，我突然覺得不知所措，絕對的不知所措。我想我是完全失敗了。然後我碰巧在書架上看到你的一本書，我拿了下來看了一會兒，我計算在紐約正好是中午時間，就打電話給你了。五分鐘之內你就和我在電話上談起來。這是不是很有意思？」

「這樣看來，」貝內特回答說，「這一切顯示你有相當強的進取精神和充滿活力的行為。我也注意到你有不平常的做大事的潛能。你沒有對自己說：『我該打這個電話嗎？或許找不到他。如果我打通了，我該怎麼對他說呢？或許他會認為我不對勁，神經錯亂或什麼的。』沒有！你沒有這些消極的、懷疑自己的想法，你心裡決定了一個行動方案，就立刻前進，照著去做。」

後來他來信說事情已經有了進展，至少他表現出新的態度。他在信上說：「我的信心又重新恢復過來。我要記住你所說的話，我相信我能發揮出處理一切事情的能力。」

年輕人的能力當然會發揮出來。任何人只要真正學會相信自己，他就能夠處理他的困難，這樣他就具備了成功的第一個秘訣。總之，信心可以使你從平凡走向輝煌。當你滿懷信心地對自己說：我一定能成功。這時，你已距離收穫的季節不太遙遠了。

不過，自信不是自高自大、自以為是。它其實是對自己的素質、自己的品格、自己的力量的全面審視，是對自己的修養、自己的能力的充分肯定。正所謂水因懷珠而媚，山因蘊玉而輝，心裡有了自信，就會彰顯個人的從容大度，舒卷自如，氣定神閑，就會多一些對人生的美的感受，也多一些生機與活力。自信就是用恰如其分的態度對待自己，不自大，不自卑。

自信不等於看不見別人的好，覺得自己天下第一，盲目樂觀。它是激勵自己奮發進取的一種心理素質，是以高昂的鬥志、充沛的幹勁迎接生活挑戰的一種樂觀情緒，是戰勝自己、告別自卑、擺脫煩惱的一種靈丹妙藥。

當你覺得是走到窮途末路時，對自己喪失了信心，希望能抓住救命稻草，得到他人的幫助。其實，真正能拯救你的就是你自己。只要你擁有自信，艱難困苦只是暫時的障礙，你最終會超越它們。擁有了恰如其分的自信，就像有兩隻翅膀，可以帶你去飛翔。

諾曼・文森特・皮爾的積極思考

諾曼・文森特・皮爾曾說：「相信自己！相信你的能力！在你自己的力量中，沒有謙虛而合理的自信，你就不會成功或幸福。」在這個世界上，有許多事情是我們難以預料的。成功的路上，我們可以缺乏任何東西，但不能缺少一樣東西，這就是：自信。自信絕對不是一個空洞的口號，而是一個渴望成功的人必須具備的素質。一定要讓它紮根在靈魂的深處，跟隨自己的心臟和血液一起跳動和流淌。

熱情能給你帶來奇蹟

縱觀古今中外的成功人士，他們的一個共同特點就是都擁有一顆熱情的心。一個人如果對人生、對事業沒有熱情，那他將很難有大的作為。其實，任何人都會有熱情，所不同的在於，有的人只有三十分鐘的熱情，有的人的熱情可以保持三十天，而一個成功者卻能夠讓熱情持續三十年甚至更久。熱情是一種巨大的力量，從心靈內部發出，驅動我們奔向光明的前程，激勵我們將沉睡喚醒，發揮出無窮的才幹。

在波士頓有支棒球隊，一直只有極少的觀眾，支持他們的力量很弱，他們的表現也很差。後來他們到了密爾沃基，這裡的市民對這支新球隊的熱情十分高漲，棒球場擠滿了人，非常關心這個隊並相信這個隊一定能夠取勝。

市民的熱情、樂觀與信賴，讓這支棒球隊受到了極大的鼓舞，第二年他們就幾乎躍居聯賽的第一名。仍然是原班人馬，但在這個球隊內部卻產生了一股前所未有的力量，他們因此而發揮出從未有過的高水準。觀眾的熱情給這個棒球隊輸入了新鮮的血液，使他們創造了奇蹟。

如果你仍舊沒有發現和感受到熱情所放射的能量，如果你現在仍然受到自卑和恐懼的襲擊，甚至被這些不正常心理所擊倒，那麼你一定要知道，在你身上潛伏著一種驚人的力量。許多人或多或少都有自卑感，常常低估自己，沒有信心，缺少熱情。其實，每個人都應該相信自己的能力，這種自信會給予你極大的幫助。

要想成就一番事業，離不開熱情這個原動力。它能使人具有鋼鐵的意志和頑強的毅力，這兩點正是成功者必備的個性心理品質，對於保持成功心理和繼續創新活動發揮著重要的作用。

在美國有一個叫雷・克洛的人。他出生的那年，恰逢西部淘金熱結束，一個本來可以發大財的時代與他擦肩而過。按理說，讀完中學就該上大學的他，因一九三一年的美國經濟大蕭條而與大學失之交臂。後來他想在房地產上有所作為，好不容易才打開局面，不料第二次世界大戰烽煙四起，房價急轉直下，結果「竹籃打水一場空」。為了謀生，他到處求職，曾做過救護車司機、鋼琴演奏員和攪拌器推銷員。就這樣，幾十年來低谷、逆境和不幸伴隨著雷・克洛，命運一直在捉弄他。

雷・洛克屢遭挫折，但熱情不減，仍執著追求。一九五五年，在外面闖蕩了半輩子的他回到老家，賣掉了家裡少得可憐的一份產業。這時，他發現迪克・麥當勞開辦的汽車餐廳十分紅火，經過一段時間的觀察，他確認這種行業很有發展前途。當時，雷・克洛已經五十二歲了，對於多數人來說這正是準備退休的年齡。可這位門外漢卻決心從頭做起，到這家餐廳打工，學做漢堡包。麥氏兄弟的餐廳轉讓時他毫不猶豫地借款二百七十萬美元將其買下，經過幾十年的慘澹經營，麥當勞現在已經成為全球最大的以漢堡包為主食的公司，在國內外擁有上萬家連鎖分店。據統計，全世界每天光顧麥當勞的人至少有一千八百萬，雷・克洛被稱為「漢堡包王」。

雷・克洛的奮鬥歷程給人深刻的啟迪。無論什麼年齡，無論身處何種境地，只要有熱情，有眼光，有勇氣，起步永遠不晚。成功就在腳下，寬廣的路是為那些自強不息、審時度勢的人準備的。正因為雷・克洛擁有熱情的心態，才使得命運瑰麗多彩。

對於熱情與成功的關係，愛迪生的看法是：熱情是能量，沒有熱情，任何偉大的事業都不可能成功。因為熱情可以大大增強事業心與責任感。仔細觀察那些成功人士，他們個個像上緊發條的鐘錶，永遠不停地向前行；他們總是精力充沛、意氣風發，身上有使不完的精力！熱情與事業心和責任感總是互相轉換，共同提升！

「一個人如果缺乏熱情，那是不可能有所建樹的。」作家拉爾夫・愛默生說：「熱情像漿糊一樣，可讓你在艱難困苦的場合裡緊緊地黏在那裡，堅持到底。它是在別人說你不行時，發自內心的有力聲音——我行！」

作為ＩＴ界屈指可數的女性精英，曾經的惠普首席執行官卡莉・費奧瑞娜的成功之路，或許對你會有所啟發。一九八四年，卡莉・費奧瑞娜三十歲，在AT＆T工作。公司剛經過重組，一切都雜亂無章。其中又以負責把長途電話連接至地方電話公司的「通訊連接管理部門」最糟糕，卡莉・費奧瑞娜決定前往該部門工作。

同事都認為卡莉・費奧瑞娜瘋了。沒人搞得懂那裡是在做什麼，一切亂七八糟。但卡莉・費奧瑞娜仍然熱情地面對這份工作，虛心學習。最終卡莉・費奧瑞娜成功地解決了該部門所面臨的一些問題。

卡莉・費奧瑞娜歸納出了個人與事業成功的七大法則，其中一條就是成功是需要熱情的。

熱情的人總是面對朝陽，遠離黑暗，不怕困難，即使有危險，他們也總是能轉危為安。熱情像一隻吉祥的鳥兒，傳遞給人們幸運的福音。熱情是一種意識狀態，與成功的關係宛如蒸氣和火車頭。熱情可以使成功的列車燃料十足，永不停歇。雖然不能說熱情一定成功，但卻可以說，沒有熱情肯定難以成功。因此，你的成功之路應該用熱情去照亮！

諾曼・文森特・皮爾的積極思考

諾曼・文森特・皮爾曾說：「那些達到人生巔峰的幸運兒，無一不為熱情所感染！」熱情是能夠讓一切都變得不同的無價之寶。熱情一方面是一種自發的力量，同時也是幫助你集中全身力量投身於某一事情的能源，

沒有什麼是不可能的

諾曼・文森特・皮爾曾說：「任何人想要解決問題，必須在他的思想中超越問題。這樣，問題就不會顯得如此令人畏懼。而且他會產生更大的信心，深信自己有能力去解決它。」

如果你不願意被「不可能」這三個字征服，那麼就將它們從你的字典裡除掉吧。讓積極的思想幫你擺脫絕望。

弗瑞和珍妮芙欠了一大筆的債務，他們經營的那家小服裝店也難以維持。

當時經濟很不景氣。他們旁邊的店鋪都關了門，看來他們離倒閉的日子也不遠了。他們欠帳的數目加起來已經非常龐大，而他們的收入卻又少得可憐，除非有奇蹟發生，否則他們根本就無法把債還清。

一天早晨，弗瑞和珍妮芙坐在他們的辦公室對著帳單發愁。店裡十分冷清，一個顧客也沒有。

然而有一件值得高興的事情發生了。他們的一位在化學研究上極有名望的科學家朋友，正好從附近的街道走過。突然心血來潮，決定去看看弗瑞和珍妮芙。

這位科學家朋友發現了他們的沮喪和焦急。他問了一個沒必要問的問題：「生意還好嗎？」弗瑞拿起一張紙，在上面大大地寫下「不可能」三個字，遞到這位朋友面前。這位朋友就是阿弗瑞德・克里菲博士，他仔細打量著那幾個字，然後說：「讓我們來看看『不可能』這個詞，如果你們不願意被它征服，那麼我們就想想該怎麼來對付它吧。」說完，他拿起一支鉛筆在紙上畫了兩道斜線，一道畫在i這個字母上，另一道畫在m這個字母上。因此，現在這個詞看起來就是：possible（可能）。在去掉im之後，possible這個詞就顯得既清楚又突出。他說：「如果你不認為任何事情都是不可能的，那麼，就沒有任何事是不可能的。讓我們只看到possible這個詞。我們可以運用積極心態來應對你們面臨的情況。」

克里菲從一疊已準備好寄給他們顧客的帳單中，拿起最上面的一張發票。「約翰・波特，」他問，「你對波特先生有何瞭解？他是否有妻子和孩子？他的生意做得如何？」

「我怎麼知道？」弗瑞不滿地嘀咕著，「他只是一個顧客，而且付款一向很慢。」

「我告訴你該怎麼辦。」克里非說，「從電話簿上找出他的電話號碼，打個電話給他，以友善的態度問他的情況如何，現在就這麼做。」

弗瑞很勉強地照著朋友的指示做了，並且跟對方聊了一會兒，從他臉上浮現的第一個笑容來看，這次談話顯然十分愉快。「他似乎很高興，」他說，「而且對於我的問候感到驚訝。他問我們的情況怎樣，我告訴他，我們正在收欠款，並付一些賬款給別人。他說，他的情況也是一樣，他接著強調並沒有忘掉他欠我們的錢，不過，我一再向他說明，我打電話給他並不是為了討債。」

然後，克里菲提議說：「現在，讓我們來想些辦法。你們有足夠的錢買一罐油漆嗎？」

「有啊！我們還不至於那麼潦倒。」弗瑞不高興地說。

「嗯，你們可以把店鋪內部重新粉刷一遍。把那面櫥窗和展示架刷得閃閃發光為止。為天花板上那些美術燈換上一些新燈泡。最重要的是，在你們的臉上掛滿微笑，在店裡等待顧客上門。當人們到來時，以真正友善的態度去迎接他們。不斷地把事情認為是有可能的。永遠除掉那個不可能的概念。當然這並不很容易，但只要按照我的話去做，你們就能一帆風順——勇敢地朝前邁進。」

在一個月內，這對年輕夫婦收回了不少欠款，足夠使他們渡過難關。漸漸地，他們開始有了收益，而這完全是因為他們採納了一位老朋友聰明的建議，對「不可能」這個詞採取了新的看法。

道理很簡單，沒有什麼是不可能的。之所以不可能，是因為你沒有被置之死地。所有的經驗也不是一成不變的，只要你有無比的信心和勇氣，一切都是可能的。

奇特・克萊格是一位虔誠的積極思考者，他總是通過不斷的運動來鍛鍊身體，每週都要步行一百里。突然有一天，他的身體感到劇烈的疼痛，後來他做了一次大手術。即使如此，他仍然保持著良好的精神狀態。「我必須運用我的思想，這樣一來，病態的思想才不會在我體內繼續成長。我完全把它控制了。」他很肯定地宣稱：「我即將控制一切。」

一位著名的心理學家無法站立，兩條腿都癱瘓了。但是他的頭腦並沒有癱瘓，因為他坐在輪椅上進行了一場極為精彩的演說。台下所有的聽眾都屏息斂氣地聆聽他的演說，他們並不是出於對他的同情，而完全是因為他的演講太精彩了。他的語言精練、深刻、富有說服力。他擁有成為一位有影響力的公共關係者、一位有力的公共演說者所必須擁有的一切特性。

他說：「我的雙腿雖然癱瘓了，但我的頭腦從來沒有停止思考，它，從來未曾癱瘓。我已經發現我即使沒有兩條能夠行動的腿，也能夠照常生活，因為我還有一個會思考的腦袋。」

很顯然，上面談到的這兩個人天生都擁有一顆上進的心，使他們得以克服身體的缺陷和困難。他們對「不可能」不屑一顧。「不可能？那是什麼意思？我只想到『可能』這個詞。」他們都這麼說。

有句話大家可以作為自己的座右銘——唯偏執狂得以生存。所以，沒有什麼不可能的事，只有不可能的想法！只要你認定了人生的目標，並甘願為之付出努力，那成功必定是屬於你的。

諾曼．文森特．皮爾的積極思考

很多時候，人生中的許多事情我們是能夠做到的，只是我們自己不知道能否做到，從而懷疑自己的實力。如果我們相信並堅持做下去，就一定能夠做到，而且一定會做好。只要你願意，一切皆有可能。

減輕壓力，釋放壓力

現代生活的壓力，像空氣一樣無時無刻不在擠壓著我們。突然間，我們都覺得自己活得好累。特別是當我們面臨生活中的負面變化時，很多人都感覺難以承受，一不小心就覺得自己「心力交瘁」。

人們之所以會產生壓力，是由某些需要、慾求、願望遇到障礙和干擾時，而引發出的心理和精神的不良反應。壓力既有好的一面，也有壞的一面。如果能把壓力變成動力，壓力就是蜜糖；如果把壓力憋在心裡，讓它無休止地折磨自己，那就是砒霜。

諾曼・文森特・皮爾認為，這是一個隨時有人破產倒閉、隨時有人因過度的壓力而一蹶不振的世界。所以，面對壓力，我們必須學會釋放。

一個青年背著一個大包裹，走了數千里路去尋找心中的陽光。但他總也找不到，於是他走到聖城去找大師問道：「大師，我是那樣的孤獨、痛苦和寂寞，長期的跋涉使我疲倦到極點：我的鞋子破了，荊棘割破雙腳；手也受傷了，流血不止；嗓子因為長久的呼喊而嘶啞……我經歷了如此多的磨難，為什麼我除了累之外絲毫感受不到人生的自在？為什麼我還不能豁然頓悟？」

大師問：「你的大包裹裡裝的是什麼？」青年說：「它們對我可重要了。裡面是我每一次跌倒時的痛苦，每一次受傷後的哭泣，每一次孤寂時的煩惱……」

大師沒有說什麼，他帶青年來到河邊，坐船過了河。上岸後，大師說：「你扛著船趕路吧！」青年很驚訝：「它那麼沉，我扛得動嗎？」「是的，你扛不動它。」大師微微一笑，說：「過河時，船是有用的。但過了河，我們就要放下船趕路。否則，它會變成我們的包袱。痛苦、孤獨、寂寞、災難、眼淚，這些對人生都是有用的，它使生命得到昇華，但須臾不忘，就成了人生的包袱。放下它吧！生命不能太負重。」

青年放下包袱，繼續趕路，他發覺自己的步子輕鬆而愉悅，他開始享受自己尋找陽光的旅程了。

很多時候，我們就是那背著包袱趕路的人，把很多細碎的東西加入很多的水分，所以生活越來越累。我們也應當清理一下自己的包袱，給自己減減壓。生活有很多的無奈，但背著它們，絕對不會讓這些無奈消失，只會使你的旅途更加勞累。

不要讓過度的壓力壓垮我們的生活，適度的壓力是有益的，它可以鞭策我們不斷前進。但怎樣算是正常的壓力，怎樣才算是過重的壓力呢？有研究表明，長期面對壓力，會對健康造成很大的影響。那麼我們該如何應付壓力，才不會讓壓力把我們打敗呢？

人們常說：「活著太累了。」為什麼在累了的時候不休息一下，給自己解解壓呢？有這樣一則故事：

有著「石佛」稱號的李昌鎬，身為韓國圍棋界多年來鐵打不動的主力隊員，背負著巨大的包袱。

一九八九年，年僅十四歲的李昌鎬就在「最高位戰」的決賽中，擊敗自己的老師曹薰鉉奪得冠軍；一九九二年，十七歲的李昌鎬在第三屆「東洋證券杯」的決賽中，以三比二戰勝日本超一流巨星林海峰奪冠，創下了世界上最年少奪冠的紀錄，被譽為「圍棋神童」。此後他奪得二十多個世界大賽冠軍，開創了無敵於天下的「李昌鎬時代」，然而與名譽同時而來的還有壓力。

由於過大的壓力，李昌鎬開始頻繁地頭痛，嚴重的時候，他甚至「醒來後一天大部分時間都是那樣，二十四小時裡得有十二小時左右」處在頭痛的狀態，以至於頭痛已成習慣。在第八屆「農心杯」比賽中，他甚至出現眩暈的情況。

在如此的壓力之下，李昌鎬的成績也明顯下降，二十多年他不間斷地參加各種比賽，除了圍棋之外沒有任何其他的生活。一次次殫精竭慮地耗費心力，使他顯露出了衰弱跡象。早年他憑藉年輕的生命力，應對一個又一個比賽，打敗一個又一個對手，但如今，他已經不可能像昔日那樣，耗費一整天的時間去贏得一目半、半目棋局，這樣的勝負他已經很難經受得起了。於是他陷於了漫長的低谷時期。

闊別冠軍六年之後，在韓國第三十七屆名人戰上，李昌鎬終於拿到了久違的冠軍。這一次，李昌鎬氣色明顯好了很多，他一臉平靜地表示，自己開始學著用平常心去下棋。他說：「年輕時慾望很大，現在大大減退了。想以平常心下棋，努力下快樂的棋。」

正是這種「下快樂棋」的心理，使得李昌鎬的狀態快速回升。不要給自己太多的壓力，就像自然界中大樹每到秋天時都會將一片片樹葉脫落，只有這樣，到了冬天大雪來時大樹才不會被雪壓垮。人若讀懂了樹，就應該試著將自己無法負擔的重量從容卸掉，只有這樣，我們才能繼續健康輕鬆地行走人生之路。

作為一個社會人，要承擔太多的壓力：來自工作的、家庭的、社會的等等。有人就說，既然這麼辛苦，何必給自己這麼多的壓力呢？沒有壓力就沒有動力。當車子跑在水泥路上的時候，它會風馳萬里；如果車子走在軟泥上，它就會寸步難行，不久之後它就會變成廢品。人如果沒有壓力，也就失去了生存的價值。

一個人在社會幾十年，不出現壓力問題幾乎是不可能的，關鍵是要學會積極面對問題，主動地去處理問題，調整自己的心態，避免因為一些暫時的挫折而影響今後的工作和生活。為了解壓，我們也可以找朋友傾訴……但這些都是外界的，說到底，解壓只能靠自己。

諾曼・文森特・皮爾的積極思考

承受一定的壓力可以鍛鍊人的意志，使人不致過於脆弱，在人生的旅途中經受住風浪的考驗。但是，壓力本身並非人生目標，實幹和成績才能夠實現人生價值，而非一味承受壓力、精神緊張。所以，不可為承受壓力而主動給自己加壓；相反，我們應該學會適當釋放自己所承受的壓力，否則，最終將為自己引發危機。

Chapter

TWO

戴爾．卡內基的人際關係學

戴爾．卡內基是美國著名的心理學家和人際關係學家。卡內基開創的「人際關係訓練班」遍佈世界各地。他以超人的智慧、嚴謹的思維，在道德、精神和行為準則上指導萬千讀者，給人安慰，給人鼓舞，使人們從中汲取力量，從而改變我們的生活，開創嶄新的人生。現在，我們就來學習一下戴爾．卡內基的人際關係學。

掌握人際交往這個軟本領

而今，無論是保險、傳媒、廣告，還是金融、科技、證券等各個領域，人脈競爭力都是一個日漸重要的課題。專業知識固然重要，但人脈也同樣重要。從某種意義上說，人際關係是一個人通往財富、榮譽、成功之路的門票，只有擁有了這張門票，你的專業知識才能發揮作用。

個人要想改變自己的命運獲得成功，就必須有足夠的人脈資源。人脈的競爭力在一個人的成就裡，扮演著重要的角色。所謂人脈，就是指由良好人際關係而形成的人際脈絡。我們都生活在這個地球上，相互之間看似很遠，其實很近。在這個競爭激烈的社會，有的人做起事來左右逢源，要風得風、要雨得雨；而有的人卻處處碰壁，舉目四顧一片茫然。兩種不同的際遇，很大程度上是由自己的人際關係所決定的。

寇克・道格拉斯（Kirk Douglas）是美國知名演員，也是成功的製作人。一九四九年他在《冠軍》一片中因扮演殘酷無情的拳擊手一角而一舉成名，其體格健壯，嗓音別具特色，曾演過《生活的慾望》、《光榮之路》等影片。可是你知道嗎？寇克・道格拉斯年輕時曾經窮困潦倒，但他依然保持著一顆樂觀向上的心。一次搭火車時，他和身邊就坐的一位女士攀談起來，卻沒有想到這位女士居然是好萊塢的著名製片人。這次暢談，讓道格拉斯結識了自己生命中的貴人，也打開了他通向好萊塢的一扇門。

其實，每個正常的人都有成為頂尖人物的機會，生活中，有的人成功了，有的人卻敗下陣來。究其原因，除了專業知識、工作態度之外，很重要的一點就是良好的人際關係。所以，千萬不要抱怨自己懷才不遇，倘若你真的是千里馬，只需擴大朋友圈，你的處境就會徹底改變。如今已不再是單槍匹馬的時代，每個人都要在社會中求生存，誰都不可能成為電影裡的孤膽英雄。在當今這個分工越來越精細化的時代，每個人的能力都局限於一個或者幾個有限的領域裡，一個人即使再有能耐，其力量也不過如一滴水之於大海。

世界富豪保羅・蓋蒂曾經說過：一個人在做事情時，永遠不要靠一個人花百分之百的力量，而要靠一百個人花每個人百分之一的力量來完成。單靠自己在黑暗中摸索，成功的希望微乎其微，善假於物者才能登高望遠。

比爾・蓋茲曾感慨地說：「與人相處的能力，如果能像糖和咖啡一樣可以買得到的話，我會為這種能力多付一些錢。」而在日本更有名言說：「二十歲靠體力賺錢，那三十歲靠腦力賺錢，四十歲以後則靠交情賺錢。」

而在好萊塢也流行一句話：「一個人能否成功，不在於你知道什麼，而是在於你認識誰。」卡內基台灣訓練區負責人黑幼龍指出，這句話並不是叫人不要培養專業知識，而是強調：「人際關係是一個人通往財富、成功的入門票。」

所以，我們每個人都應該通過自己的努力，建立並擁有自己的人際關係網。千萬別以為，搞好人際關係只不過是公關小姐、公關先生們的事情。人際的成功與否，決定著你的事業能否成功。

事實就是如此，一個人交朋友的能力，直接決定他的人生發展和事業高度。朋友多少決定商機的多少，朋友層次的高低決定你商機的大小。難怪美國石油大王洛克菲勒說：「我願意付出比天底下得到其他本領更大的代價，來獲取與人相處的本領。」不少事實證明：我們的專業本領只能為我們帶來一種機會，但如果你善於與他人交往，具有超凡的交際能力的話，可以為我們帶來百種千種的機會，可以讓你利用外界的無限能量。人脈有時靠的是前輩人的累積，但更重要的是我們自己的經營。我們需要走出自己的空間，去主動與他人建立聯繫，獲得他人的幫助。

戴爾・卡內基的人際關係學

卡內基說：「一個人事業上的成功，只有百分之十五是由於他的專業技術，另外的百分之八十五要依靠人際關係、處世技巧。」專業的技術是硬本領，善於處理人際關係的交際本領則是軟本領。所以，只有具備處理人際關係的能力才能成為一個事業成功的人。

雪中送炭，患難見真情

戴爾・卡內基曾說：「如果我們想交朋友，就要先為別人做些事——那些需要花時間、體力、體貼、奉獻才能做到的事。」從這句話中我們可以看出，卡內基的交際原則就是要為別人做事，而且不是輕而易舉就可以完成的事情。而最符合這個交際原則的恐怕就是雪中送炭了，也就是在別人最需要幫助的時候幫助別人。另外，卡內基還曾說：「在聚會中，關注被冷落者，錦上添花不如雪中送炭，讓每個參加聚會者都能感覺到自己是重要的，這是聚會的一個重要原則。」由此可見，卡內基非常認可「雪中送炭」式的交際方式。

在現實生活中，人們大多都喜歡在別人事業如日中天時恭喜祝賀，為別人的成功錦上添花。這種做事方式固然可行，但雪中送炭所帶來的作用一定比錦上添花更讓人感激。如果是一個人處在極度的困境之中而你施以援手，那麼他便可能會感激你一輩子；與之相反的是，一個人處在順風順水、春風得意時，你給他一點好處，他極有可能「貴人多忘事」。所以給人幫助最好在別人處在困境中的時候，只有這樣才能達到事半功倍的效果。

他，曾被美國《福布斯》雜誌連續幾年評為中國最富有的企業家。人們關注最多的，是他在馬來西亞輝煌的發跡史。只是很少有人知道，他的情義和傳奇經歷源於四十四份帶著一個普通人愛心的晚報——

二十年前，他隻身來到了馬來西亞。來此之前，他已經身家過億。他打聽到這裡發現了一個大型油氣田，準備修一條高級公路。如果這個項目成功，會帶來公路兩邊的土地大幅度升值。一番分析和抉擇之後，這個青年斷然決定用自己所有財產做抵押，向銀行貸款，用貸款去拿公路兩旁的土地開發權。

一轉眼四個月過去了，油氣田的開發案依然沒有結果。青年如坐針氈。這時候，他身上的盤纏已經所剩無幾，住所由五星級酒店搬到四星級，再到三星級，最後連旅館也住不起了。他身上幾乎沒什麼積蓄了，這樣下去，只能去住旅館的倉庫，吃最便宜的便當了。為瞭解新聞，每天他找機會去旅館的大廳看報紙。

倉庫的管理員也是一位華人，看到他這麼拮据，心存同情。不僅免了他租倉庫的錢，每天還買了一份晚報帶給他看。這樣的日子一晃過了四十四天，他的心也一天天走向絕望，連自殺的想法也有了。那天，他意外地得知老華僑並不識字，這四十四份晚報是特意為他買的，頓時心裡一熱，彷彿看到一線溫暖的光，將自己從死亡的邊緣拉了回來。晚上，他認真地翻看著報紙，其中一條消息讓他興奮得差點沒背過氣去：油氣田開發案准了！隨後，在一週之內，他所買的土地價格翻了一番。他又過上了以前那種富足的生活。

度過了困頓的生活之後，他想起了管理倉庫的華人。他準備了一個信封，裡面是一棟當地最高檔別墅的鑰匙。當他把信封交到老華僑手裡的時候，老華僑搖搖頭：「我只是給你買了四十四天的報紙，為什麼值得你送這樣的大禮呢？」他說：「那四十四份晚報，是我一生中得到的最珍貴的幫助和關懷，就憑你的愛心，你有資格得到它。」老華僑依然搖搖頭：「謝謝你的好意，我已經習慣了現在的生活，不想去住那種地方。真正值得你報答的，也不是我，而是幫助你的這個社會呀。」

人們對金錢的標準，很多時候會因為狀況的不同而有很大的差異。因此，做事有心計的人更懂得「雪中送炭」遠比「錦上添花」有意義。每個人都會遇到溝溝坎坎，誰的成功都不會是一帆風順的。

有一位從貧窮的山區來到大城市讀書的大學生，為了解決學費，偷偷地利用週末做起文具商品的推銷員。他的性格比較靦腆，不善言辭，一個月下來，幾乎沒有得到什麼報酬。失望、沮喪使他陷入了非常痛苦的境地。他不知道自己在這種境遇中能否堅持完成學業，因為家庭的經濟狀況如何，他自己心裡清楚，年邁的父母和正在讀書的弟弟、妹妹，由於他的拖累會更加困苦不堪。他心裡暗暗下定決心，再做一個月的推銷員，如果還不能掙到自己的學費，就退學出去打工，賺錢養活自己。

在那個月的每一個週末，他疲憊不堪地奔走於一幢幢住宅大樓、學校、辦公大樓之間，而帶給他的仍然是深深的失望。有一天晚上，他想最後再敲一戶住戶的門，如果還沒有一點收穫的話，他就要放棄努力。

他緊張地、怯怯地摁響了門鈴，出來開門的是一個中年婦女，她慈愛地問他做什麼時。他語無倫次地說明瞭自己的來意。站在那位婦女身後的一位初中生模樣的小女孩，熱情地把他拉進屋，要把他手中提的所有的鉛筆、鋼筆、圓珠筆一併買下，而那位婦女也沒有什麼反對的態度。他有點興奮，有點感激，也有點莫名其妙，買這麼多筆幹什麼？疑問使他意識到：是不是這家人同情他的狼狽模樣才這樣做？

那位婦女和女孩似乎看出了他的猶豫，就和善地說：「進屋坐一下吧。」他說：「不坐了，這位小妹妹沒有必要買這麼多筆，就買一支吧！」那位中年婦女卻說：「不客氣，進屋坐吧，我有話和你聊聊。」沒有想到那一天，他的生活整個發生了變化。那位婦女原來在公司辦公室裡見過他去推銷文具，知道他是一位生活困難的大學生，就建議他不要再推銷文具，請他輔導她的孩子學習，每月固定可以有幾千塊錢的收入。從此，那個大學生就安心自己的學業，後來成為一位很出色的學者。

所以，當別人需要幫助時，你要盡力去幫助。每個人都在內心深深地記住，那些在自己困難的時候幫過自己的人。我們一定要維護好朋友之間的關係，多做感情投資，讓深厚而廣泛的友誼，成為我們成功道路上的強大助力。

戴爾．卡內基的人際關係學

一個人際關係高手，必定是一個善良的人，他能在別人最需要的時候給予別人幫助。因為他知道，「雪中送炭」遠比「錦上添花」更能讓人接受和感激。常言說得好：「患難見真情，患難出真交」。所以，我們要想攏絡住人的真心，首先要學會雪中送炭。

真誠待人，他人才會真誠待你

著名的人際關係學大師戴爾．卡內基說過：「成功靠人脈，人脈靠真誠，真誠是人脈的使者。」可以說，在這大千世界裡，任何生靈都可以讓你感受到它的真善美，生命中最明快的樂章莫過於真誠。有人說，人與人之間真誠難覓。其實，最常見的真誠便是在和朋友們相處的日子裡。一個眼神、一份微笑，甚至是一張小小的字條，都可以讓人無比欣喜，因為那裡面包含了太多的坦誠與希望。如果把人與人之間的關係比成一堵厚牆的話，那麼，真誠便是打開窗戶的鑰匙，耀眼而珍貴。

在美國的內華達州，有一個名叫麥爾濱・達瑪的年輕人駕車兜風，碰到一位衣衫襤褸的老人。老人滿臉疲憊，艱難地向前挪動著雙腿。他停下車，關切地問了老人要去的地方。

麥爾濱把老人送到了拉斯維加斯，又掏出二十五美分讓老人坐公車，老人很禮貌地接過硬幣，並向麥爾濱要了名片。幾年後，有人找到他告訴他，億萬富翁哈威德・修斯把他財產的十六分之一送給了他，那是一億美元的饋贈。

麥爾濱驚呆了，他萬沒有想到，自己付出二十五美分，卻得到如此豐厚的回報。

在美國費城，一天下午忽然下起了暴雨，一位渾身濕透的老婦人蹣跚著走進費城百貨商店。她衣著簡樸，顯得很狼狽，所有的人都對她視而不見。只有一位年輕人給了她關照，還給她一把椅子坐下，婦人很感激，走時要了他的名片。

幾個月後，費城百貨商店接到一筆生意——裝潢蘇格蘭一整座城堡，並點名要那位青年去，原來這位老婦人就是鋼鐵大王卡內基的母親，這位年輕人叫菲利。幾年後，他憑著踏實和真誠，成為卡內基的左右手，事業飛黃騰達。

或許有人要說他們是機遇的寵兒，無疑，他們是幸運的，但更不能忽略的是他們靈魂深處閃耀著人性的光芒，是他們用真誠喚起了別人的尊重，是他們用善良創造了人生的奇蹟，這是發自心靈深處的人性溫柔的閃光，是人內心美好情感的自然流露。它給了別人關心和幫助，讓別人感受到了人情的溫暖，也讓我們知道了真誠的價值是無法用數字來估量的。

對人要真誠，古人云：「誠是立人之本」，又說：「誠之所感，角處皆通。」意思是說，以誠心待人，就會使人感動，從而促進事情的順利進行。真誠地對待別人，能夠獲得人們的信任，發現一個開放的心靈，爭取到一位用全部身心幫助自己的朋友。這就是用真誠換來真誠。

傑克是一個平凡的業務員，做了十幾年的推銷工作，業績一直平平。老闆覺得傑克已經不能給自己帶來多大的業績，正籌畫著想辦法炒掉他。而傑克也早已厭倦了那種吹噓商品、說假話騙取客戶信任的推銷方式。

有一天，店裡來了一個客戶想要買一張電腦皮椅。於是，傑克把客戶帶到了許多皮椅子前。客戶看中了一款最貴的，傑克指著那款皮椅如實地向顧客介紹道：「老實說，這種皮椅不怎麼好，我們老闆就在用，沒多久就吱吱嘎嘎地響，它只不過皮質很好，而且看上去很不錯，但是你知道，如果工作起來，那些噪音簡直會讓人發狂。」顧客疑惑地看著傑克，指了指另外一款。

「先生，你能告訴我你家的傢俱都是什麼顏色嗎？」

「紫色。」

「那我不得不奉勸你放棄這種選擇，因為這椅子擺在你的家裡會看上去很糟糕。」

「噢，那我該選哪一張，」顧客笑了起來，很認真地聽著傑克的建議。

「這一張。」傑克搬出了一款價格非常低廉的椅子，小聲地說道，「別看它價格低，但絕對品質是最好的，而且有多款顏色，一定能找到適合你房間的。」

最後，客戶歡天喜地地買了椅子走掉了，但老闆也因為他沒有賣出最貴的皮椅而氣得發抖。「傑克，你可以走了！以後不用來了！」

「親愛的老闆，這正是我想的。」傑克輕鬆地走出了老闆的店。

之後他利用自己多年的積蓄開了一家小小的辦公用品店。而讓他沒有想到的是，會在不久之後碰到那個買椅子的顧客。他現在是一家大型連鎖公司的採購員，「嗨，誠實的人，那款椅子確實非常不賴。你真是我見過最厚道的售貨員了！以後我不會選擇別家辦公用品店了。」這位採購員笑了笑，接著對傑克說道：「我相信你！」

毫不誇張地說，為傑克帶來成功的正是他自身的覺悟和對顧客無限的真誠。虛偽、偽裝的東西是絕對經不起時間檢驗的。

真誠是一個真實內心的自然流露，所以能直接感動對方，和對方內心的真實情感產生共鳴和交流，而且超越了現實利益的層次。「伸手不打笑臉人」、「見面三分情」，這是人都有的一種感情，我們的真心誠意除了可解除對方的武裝之外，更可在對方的感動中激起他的同情心，因而鬆懈了他的立場——「看他那麼真心誠意，就接受他的要求吧！」因為如果拒絕，自己多少也會自責，認為自己太無情了。我們要牢記「精誠所至，金石為開」這八個字，因為很多問題可以通過你的真誠來解開。

戴爾．卡內基的人際關係學

卡內基說要真誠地關心他人。照著做，你必廣受歡迎。與人相處最重要的一點就是真誠待人，只要真心付出就會得到意想不到的收穫。真誠待人的結果是雙贏。所以，我們要主動用一顆真誠的心對待他人。

側耳傾聽，學會關注對方

人際關係學家戴爾・卡內基在談到如何成為一個談話高手時說，要想成為受歡迎的人就要學會聆聽，鼓勵別人多談他自己的事。因此，學會傾聽是加強交往能力的一門必修課，那些真正會交往、擁有許多真心朋友的人，往往就是因為他們願意並且善於做一個傾聽者。懂得傾聽，給別人說話的機會，你才能瞭解他們的所想所思，才能增進彼此的瞭解。如果不願意聽別人的話，往往冒失地惹怒別人，或者讓自己處於尷尬的地位。

巴頓將軍為了顯示他對部下生活的關心，搞了一次參觀士兵食堂的突擊檢查。在食堂裡，他看見兩個士兵站在一個大湯鍋前。

「讓我嚐嚐這湯！」巴頓將軍向士兵命令道。

「可是，將軍……」士兵正準備解釋。

「沒什麼『可是』，給我勺子！」巴頓將軍拿過勺子喝了一大口，怒斥道：「太不像話了，怎麼能給戰士喝這個？這簡直就是刷鍋水！」

「我正想告訴您，這就是刷鍋水。」士兵答道。

巴頓將軍沒有聽人家說話就居高臨下地下了命令，不容分辯，結果呢，喝了一勺涮鍋水。不懂得傾聽或者沒耐心聽別人說話的人可要引以為戒，千萬別犯這種「啞巴吃黃連，有苦說不出」的錯誤。無論是跟什麼樣的人談話，都值得我們認真傾聽，從而收集到與自身發展有關的資訊。我們能親自去做的事情有限，而通過傾聽別人的談話，就可以使我們瞭解很多無法躬身去做的事情，「聽」也是經驗累積的一種方式。

韋恩是羅賓的朋友圈中最受歡迎的人士之一。他總能受到邀請，經常有人請他參加聚會、共進午餐、打高爾夫球或網球等。一天晚上，羅賓碰巧到一個朋友家參加一次小型社交活動。他發現韋恩和一位年輕女士坐在一個角落裡。出於好奇，羅賓遠遠地注意了一段時間。羅賓發現那位年輕女士一直在說，而韋恩好像一句話也沒說。他只是有時笑一笑，點一點頭，僅此而已。幾小時後，他們起身謝過男女主人，走了。

第二天，羅賓見到韋恩時禁不住問道：「昨天晚上我看見你和最迷人的女士坐在一起。她好像完全被你吸引住了。你怎麼抓住她的注意力的？」

「很簡單。」韋恩說，「當女主人把她介紹給我時，我只對她說，你的皮膚曬得真漂亮，在冬季也這麼漂亮，是怎麼做的？是在哪裡曬的呢？阿卡普爾科還是夏威夷？」

「她說，是在夏威夷。夏威夷永遠都風景如畫。」

「我說，給我講講那裡的故事吧。」

「於是，我們就找了個安靜的角落，接下去的兩個小時她一直在談夏威夷。」

「今天早晨她打電話給我，說她很喜歡我陪她。她說很想再見到我，因為我是最有意思的談伴。但說實話，我整個晚上沒說幾句話。」

看出韋恩受歡迎的秘訣了嗎？很簡單，韋恩只是讓對方談論自己，而他只是傾聽。假如你也想受到大家的歡迎，千萬不要談自己，而要讓對方談他的興趣、他的愛好、他的事業、他的成功等，讓對方嚐到表達的快感和被理解的溫暖。

喬伊・吉拉德是當今美國排名第一的汽車推銷員，他在一年之內，推銷出一千四百二十五輛汽車。此項輝煌成果載入金氏世界紀錄，至今無人能夠打破。這麼一位優秀的推銷員，卻有一次難忘的失敗經歷。

有一次，一位名人來向吉拉德買車。吉拉德向他推薦一種新型車。眼看就要成交了，對方突然決定不買了。對方明明很中意此種新型車，為何突然變卦呢？吉拉德對此事懊惱不已，百思不得其解。到了晚上十一點，他忍不住給那位先生撥了電話。

「您好。今天我向您推薦一部新車，眼看您就要簽字了，為什麼突然變卦了。」

「喂！你知道現在幾點了嗎？」

「真抱歉，我知道已經晚上十一點了，但我檢討了一天，實在想不出自己錯在哪裡，因此特地打電話向您請教。」

「真的嗎？」

「肺腑之言。」

「很好。你用心在聽我說話嗎？」

「非常用心。」

「可是下午你沒用心聽我說話。就在簽字之前，我提到我兒子即將進入密西根大學就讀。我還提到我兒子的運動成績與他將來的抱負。我以他為榮，但你卻沒有任何反應。」

吉拉德不記得對方曾說過這些事，因為當時他根本沒注意聽。

對方又說：「你根本不在乎我說些什麼。我看得出來你正在聽另一位推銷員講笑話。這就是你失敗的原因。」

從這件事，吉拉德得到兩項寶貴的教訓：第一，傾聽實在太重要了，由於一時的疏忽，沒注意對方講話的內容，沒去認同對方有一位值得驕傲的兒子，因而觸怒對方失去了一筆生意。

所以說，一個真正的交際高手，往往不是因為他會說，而是因為他善於聽。僅僅是聽就可以了嗎？還要聽進去。在英語中，hear的意思是僅僅單純地用耳朵去聽，而listen則表示要全心投入地認真細緻地聽，用自己的頭腦去判斷對方話語後面所傳達的情感，是專注地「聽」，認真地「聽」。社交中的你，在傾聽對方話語時一定要listen，而決不該是讓人產生敷衍感的hear，否則根本達不到預期效果。你不僅要做到專心聆聽，還要讓對方感受到你的這種專注，這樣才能效果更好。總之，傾聽別人說話不僅是一種禮貌，還表示我們願意客觀地考慮別人的看法，這會讓說話的人覺得我們很尊重他的意見，有助於我們建立融洽的關係，彼此接納。

戴爾・卡內基的人際關係學

戴爾・卡內基還說：「上帝給了我們兩隻耳朵卻只給我們一張嘴，就是告訴我們聽得要比說得多。」總之，溝通就好像一條水渠，首先是要兩頭通暢，那就是指我們要打開我們的耳朵，傾聽別人的話。關上耳朵張開嘴巴的談話，不能算是溝通。

替別人著想很重要

能在別人的角度上為別人考慮，就是建立了合作的基礎，別人才會願意接受你的意見，進而實現雙贏。美國汽車大王福特曾說過一句話：「假如有什麼成功秘訣的話，就是設身處地替別人著想，瞭解別人的態度和觀點。」因為這樣不但能得到你與對方的溝通和諒解，而且能更清楚地瞭解對方的思想軌跡及其中的「要害點」，瞄準目標，擊中「要害」，有了合作的基礎，也就多了許多默契。這一點，卡內基更是用他的行動告訴我們這樣做是有效的。

卡內基有一次租用某家飯店的大禮堂來講課。有一天，他突然接到通知租金要增加三倍，卡內基去與經理交涉。他說：「我接到通知有點震驚，不過這不怪你。如果我是你，我也會那樣做。因為你是飯店的經理，你的職責是盡可能使飯店獲利。」

緊接著，卡內基為他算了一筆賬：「將禮堂用於辦舞會、晚會，當然會獲大利。但你攆走了我，也等於攆走了成千上萬有文化的中層管理人員，而他們光顧貴飯店，是你花五千元也買不到的活廣告。那麼哪樣更有利呢？」經理被他說服了。

卡內基之所以成功，在於當他說「如果我是你，我也會那樣做」時，他已經完全站到了經理的角度。接著，他站在經理的角度上算了一筆賬，抓住了經理的訴求：盈利，使經理心甘情願地把天平法碼加到卡內基這邊。千萬別認為話中的「如果我是你」只是短短的、單純的一句話而已，殊不知它能發揮的效力是多麼不可限量！

一檔電視綜藝節目中，主持人向嘉賓提問：「電梯裡常會有一面大鏡子，這鏡子是做什麼用的呢？」

那些嘉賓紛紛回答：

「用來檢查一下自己的儀表。」

「用來擴大視覺空間，增加透氣感。」

「用來看看後面有沒有跟進了不懷好意的人。」

在一再啟發而仍不能說出正確答案時，主持人終於說出了非常簡單的道理：「肢殘人搖著輪椅進來時，不必費神轉身，就可以從鏡子裡看見樓層顯示燈。」

嘉賓們都顯得有些尷尬，其中一位抱怨說：「我們怎能想到這一點呢？」

生活中，當我們面對某一問題時，如果僅僅只是從自己的利益得失出發去考慮，而置別人於不顧，往往就會失之偏頗，甚至傷害他人。凡事設身處地，換一個角度為他人著想，原本疑惑不解的問題也好，困難重重的問題也能，都可能會變得豁然開朗迎刃而解了。

一個牧場主人養了許多羊。他的鄰居是個獵戶，院子裡養了一群兇猛的獵狗。這些獵狗經常跳過柵欄，襲擊牧場裡的小羊羔。牧場主人幾次請獵戶把狗關好，但獵戶不以為然，口頭上答應，可沒過幾天，他家的獵狗又跳進牧場橫衝直撞，咬傷了好幾隻小羊。

忍無可忍的牧場主人找鎮上的法官評理。聽了他的控訴，明理的法官說：「我可以處罰那個獵戶，也可以發佈法令讓他把狗鎖起來。但這樣一來你就失去了一個朋友，多了一個敵人。你是願意和敵人做鄰居，還是和朋友做鄰居？」

「當然是和朋友做鄰居。」牧場主說。

「那好，我給你出個主意，按我說的去做。不但可以保證你的羊群不再受騷擾，還會為你贏得一個友好的鄰居。」法官如此這般交代一番。牧場主人連連稱是。

一到家，牧場主人就按法官說的挑選了三隻最可愛的小羊羔，送給獵戶的三個兒子。看到潔白溫順的小羊，孩子們如獲至寶，每天放學都要在院子裡和小羊羔玩耍嬉戲。因為怕獵狗傷害到兒子們的小羊，獵戶做了個大鐵籠，把狗結結實實地鎖了起來。從此，牧場主人的羊群再也沒有受到騷擾。

為了答謝牧場主人的好意，獵戶開始送各種好禮給他，牧場主也不時用羊肉和乳酪回贈獵戶。漸漸地，兩人成了好朋友。

要說服一個人，最好的辦法是為他著想，讓他也能從中受益。很多時候我們不能體諒別人，是因為我們沒能設身處地地站在對方的立場替他著想。當彼此的角色互換的時候，也許你就不會再埋怨別人了。不過，為他人著想很重要，我們並不一定要做到「毫不利己，專門利人」，有時候一點方便，一些提示，一句真心的話，一個安慰的眼神，也會成為別人跨越障礙的動力，會成為別人成功的關鍵所在。正所謂送人玫瑰，手留餘香，幫助別人的時候，不僅可以收穫一份好心情，收穫一份善意，也是在幫助我們自己。

戴爾·卡內基的人際關係學

戴爾·卡內基說：「真誠地試圖以他人的角度去瞭解一切——神妙處方。」站在別人的角度設身處地，從而對對方的利害得失與困難有較為深切的瞭解，由此再作出自己的決策，使自己的決策不僅有利於自己，也使對方容易接受。

讚美是最美的語言

戴爾・卡內基說：「與人相處的訣竅，就是對別人一定要真誠地欣賞與讚揚。」這樣會使你的人際關係更加和諧。每個人都會有他的亮點，發現他，讚揚他。也有人說：「世界上最美好的聲音就是讚美，最好的禮物也是讚美。」成功的讚美能給他人帶來愉悅，能使他人受到鼓舞。讚美是我們樂觀面對生活所不可缺少的，是我們自信、自我肯定的力量泉源。讚美是人際關係的潤滑劑，還可以約束人的行動，使人主動自覺地克服缺點，積極向上。

卡內基小時候是一個公認的壞男孩。在他九歲的時候，父親把繼母娶進家門。當時他們還是居住在鄉下的貧苦人家，而繼母則來自富有的家庭。

父親一邊向繼母介紹卡內基，一邊說：「親愛的，希望你注意這個全郡最壞的男孩，他已經讓我無可奈何。說不定明天早晨以前，他就會拿石頭扔向你，或者做出你完全想不到的壞事。」

出乎卡內基意料的是，繼母微笑著走到他面前，托起他的頭認真地看著他。接著她回答對丈夫說：「你錯了，他不是全郡最壞的男孩，而是全郡最聰明最有創造力的男孩。只不過，他還沒有找到發洩熱情的地方。」

繼母的話說得卡內基心裡熱呼呼的，眼淚幾乎滾落下來。就是憑著這一句話，他和繼母開始建立友誼。也就是這一句話，成為激勵他一生的動力，使他日後創造了成功的二十八項黃金法則，幫助千千萬萬的普通人走上成功和致富的道路。

在繼母到來之前，沒有一個人稱讚過他聰明，他的父親和鄰居認定：他就是壞男孩。但是，繼母只說了一句話，便改變了他一生的命運。

卡內基十四歲時，繼母給他買了一部二手打字機，並且對他說，相信你會成為一名作家。卡內基接受了繼母的禮物和期望，並開始向當地的一家報紙投稿。他瞭解繼母的熱忱，也很欣賞她的那股熱忱，他親眼看到她用自己的熱忱，如何改變了他們的家庭。所以，他不願辜負她。

來自繼母的這股力量，激發了卡內基的想像力，激勵了他的創造力，幫助他和無窮的智慧發生聯繫，使他成為美國的富豪和著名作家，成為二十世紀最有影響的人物之一。

大文豪馬克・吐溫曾說過：「一句美妙的讚語可以使我多活兩個月。」讚美能賦予人一種積極向上的力量，能更大地激發人對事物的感情。不僅如此，讚美也可以是化解人與人之間矛盾的良好的武器。

當我們真誠地讚美別人時，對方也會由衷地感到高興，並對我們產生一種好感。所以，要想緩和增進雙方的關係，拉近彼此的距離，不妨對其使用真誠的讚美。

美國歷史上有一個年薪百萬的管理人員名叫史考伯，是美國鋼鐵公司的總經理。有記者曾經問他：「您的老闆為何願意一年付給您超過一百萬的薪水呢？您到底有什麼本事能拿到這麼多的錢？」史考伯回答說：「我對鋼鐵懂得不多，但我最大的本事是能讓員工鼓舞起來。而鼓舞員工的最佳方法，就是表現出對他們真誠的讚賞和鼓勵。」說白了，史考伯就是憑著他會讚美他人而年薪超過一百萬的。有趣的是，史考伯到死也沒有忘記讚美人。他在自己的墓誌銘上寫道：「這裡躺著一個善於與那些比他更聰明的下屬打交道的人。」

我們身邊的每個人，當然也包括我們自己，都希望受到周圍人的讚美，希望自己的價值得到肯定。雖然我們都處於一個極小的天地裡，但卻仍認為自己是小天地中的重要人物。對於肉麻的奉承，我們會感到噁心，然而又渴望得到對方由衷的讚美。人，總是希望得到他人的讚美。無論是咿呀學語的孩子，還是白髮蒼蒼的老人，都會希望獲得來自社會或他人的得當讚美，從而讓自己的自尊心和榮譽感獲得滿足。

有位企業家說過：「人都是活在掌聲中的，當部屬被上司肯定，他才會更加賣力地工作。」法國的拿破崙就非常懂得讚美的力量，而且他也具有高超的統帥和領導藝術。他主張，對士兵要「不用皮鞭而用榮譽來進行管理」。他認為：一個在夥伴面前受到體罰的人，是不可能願意為你效命疆場的。為了激發和培養士兵的榮譽感，拿破崙對每一位立過功的士兵都加官晉爵，而且還會在全軍進行廣泛的通報宣傳。通過這些讚美和變相讚美，去激勵士兵勇敢地戰鬥。

我們應該學會賞識、讚美他人，努力去挖掘他人的閃光點。美國心理協會曾做過一次調查：經常賞識他人，誇獎、讚美他人的人往往處事積極樂觀，受人歡迎，受人尊敬，不常生病，並且比一般人長壽；而常指責、抱怨的人沒有朋友，孤單落寞，身體、心理脆弱，比一般人壽命短。而心理學家們也認為，使一個人發揮最大能力的方法是讚賞和鼓勵。在生活中，大多數人希望自身的價值得到社會的承認，希望別人欣賞和稱讚自己。所以，能否獲得稱讚以及稱讚的程度，便成了衡量一個人社會價值的尺規，每個人都希望在稱讚聲中實現自身的價值。在我們與人交往的過程中，要學會和使用讚美和表揚，這樣是最容易讓人接受的。有的時候，一句讚美可能改變人的一生。

愛聽讚美的話是人的天性，人人都喜歡正面刺激，不喜歡負面刺激。如果在人際關係中人人都樂意讚美他人，善於誇獎他人的長處，那麼人際交往間的愉快感也將會大大增加。所以，為了讓我們的人際關係更加和諧，請不要吝嗇你的讚美，多給予你身邊的人一些由衷的讚美吧！

戴爾・卡內基的人際關係學

卡內基說：「只要你的讚美出於真誠，沒有一個人會抗拒你的善意。但是，讚美別人應注意，發現優點是真誠的，發明優點是虛假的。」讚美是真誠的鼓勵，讚美是對別人的鞭策。一句真誠的讚美可以激勵一個人的一生，可以使他成就一番事業。

謙讓是一種處世風度

戴爾・卡內基說：「在人生的道路上能謙讓三分，即能天寬地闊，消除一切困難，解除一切糾葛。」謙讓是一種美德，更是我們生活中不可或缺的生活風度。沒必要在任何時候都咄咄逼人，給人別來犯我的感覺。謙讓與人，自己並不會吃虧，反而會使自己受益。你謙讓他人的話，他人自然也會謙讓與你，所以謙讓是互惠互利的。我們的謙讓，會換來別人的感謝和微笑，也會為自己換來快樂的心情。因此我們應該學會謙讓，養成相互謙讓的良好習慣。謙讓與人，實際自己受益。

在一個寒冷的冬天，一場大雪過後，到處是厚厚的積雪。小兔子的食物也越來越少，它就剩一根胡蘿蔔了，一直沒捨得吃。這時它看到外面的雪人還沒有鼻子，覺得雪人更需要一根胡蘿蔔鼻子，於是就把胡蘿蔔送給了雪人，雖然它非常珍愛這個胡蘿蔔。之後它就到別的地方尋找食物。

雪人也非常珍惜這個胡蘿蔔，因為有了這個胡蘿蔔鼻子，它感覺很幸福。可是它看到在寒冷的冬天小鳥沒有食物。不忍心讓小鳥挨餓，就把胡蘿蔔給小鳥當做過冬的食物。轉眼春天來了，天氣變暖和了，雪人融化到了泥土裡。小鳥把吃剩下的半截胡蘿蔔鼻子種在雪人站過的地方。等兔子回來的時候，過來照看胡蘿蔔苗的鳥告訴兔子，這是雪人託它照看的胡蘿蔔苗，並且，它屬於兔子。

在寒冷的冬天，兔子、雪人、鳥中胡蘿蔔巧妙地貫串成一個圈，它們之間發生了一個溫暖的故事。胡蘿蔔巧妙地連接了三個人物的行為與感情。它們把謙讓和分享詮釋得再好不過。它們在付出的時候都顧及了他人的需要，並且不計回報。後來他們確實又得到了回報。重要的是，這份謙讓讓我們的心靈因為充盈著濃濃的情意而增加一分溫暖。

學會謙讓，懂得謙讓，在漫漫的人生長路中，在面對一個個改變命運的機會時，就註定比別人多了一份淡定，一份從容。度量寬大，待人禮貌，不會輕易去傷害別人，這樣就減少了無謂的競爭，爭取一切能加以利用的優勢，這所有的一切，在無形中會給我們帶來好運，變為成功的前提和必要條件。

在一個原始森林裡，一隻巨蟒和一頭豹子同時盯上了一隻羚羊。豹子看著巨蟒，巨蟒看著豹子，各自打著自己的算盤。

豹子想：如果我要吃到羚羊，必須首先消滅巨蟒。巨蟒想：如果我要吃到羚羊，必須首先消滅豹子。於是，幾乎在同一時刻，豹子撲向了巨蟒，巨蟒也撲向了豹子。

牠們撕咬在一起。豹子咬著巨蟒的脖頸想：如果我不下力氣咬，我就會被巨蟒纏死。巨蟒纏著豹子的身子想：如果我不下力氣纏，我就會被豹子咬死。於是，雙方都拼死命地用著力氣。羚羊看到這一切，竟然安詳地踱著步子走了。而豹子和巨蟒則雙雙倒地，兩敗俱傷，牠們全然沒有察覺到羚羊的離開。

獵人看到這場爭鬥，無限感慨地說：「如果兩者同時撲向獵物，而不是撲向對方，然後平分獵物，兩者都不會死；如果兩者同時走開，一起放棄獵物，兩者都不會死；如果兩者中一方走開，另一方撲向獵物，兩者都不會死；如果兩者在意識到問題的嚴重性時互相鬆開，兩者也都不會死。它們的悲哀，就在於把本該具備的謙讓轉化成了你死我活的爭鬥。」

謙讓可以化解仇恨，可以消除誤會。人與人之間應該多些謙讓和寬容，而不是爭得你死我活。所以，我們應該擁有一顆豁達之心讓生命在謙讓中延續，讓人生在寬容中閃光。

謙讓，並不意味著你會失去什麼，反而會在你沒有意識到的情況下，在最需要的時候給予你足夠的幫助。人怕敬，有一句古語說得好：「要想好，人敬小。」「敬」在這裡主要的含義就是謙讓，簡而言之，就是處處謙虛禮讓，無論老幼，不論美醜，你敬人一尺，人敬你一丈，你給別人一個安身之地，也許哪天你得到的回報就是一片天地。

爭論並不能解決問題，相互的爭吵，無休止的爭論，只會讓問題越來越難以解決，甚至陷入無法處理的絕境，那樣不要說利益最大化了，可能連既得的利益大家都會失去。相反，如果大家一開始就在問題前看清形勢，彼此努力，相互謙讓，這樣大家不但得到了想要的結果，可能還會有意外的收穫。

謙讓可以化解矛盾，增進友誼。人與人之間應該多些謙讓和寬容，而不是爭來爭去，互不相讓。

戴爾・卡內基的人際關係學

一個謙讓的人並不一定損失自己的利益。相反，把細瑣的利益讓給別人的時候，你有可能在別人不懂得或者無力追求的地方，獲得你真正需要的最大利益。所以成功學大師戴爾・卡內基認為，要做一個受人歡迎的人，必須是一個懂得謙讓的人。

經常微笑，給人留下好的印象

當人們問戴爾・卡內基，如何給別人留下好的印象的時候，他說，經常微笑。把握微笑這一重要的原則，你就擁有了最有力的武器。簡單、不花錢、永久使用，那就是微笑。

微笑，是人類的天賦，我們往往能通過一個人微笑的外表，看到他內心的真誠、熱忱與自信。真誠、熱忱、自信，能夠融化世界上的一切堅冰。沒有發現哪個重要人物，出席重要場合是不面帶微笑的。因為微笑，讓你更易被親近。帶著親切的微笑會被所有人認可，微笑是我們走遍世界的通行證。

據心理學測定，笑對人們的印象和好感具有特殊的效能。人們對於笑也是最樂意接受的。笑具有非常的力量。在當今世界上，笑差不多要被作為一門學問來研究。據悉，日本在招收服務員時，不僅要求有一定的學歷，而且還要求會笑，要笑得自然、親切、甜美。這是為什麼？目的是訓練美善的儀態，根除「凶相」，增進和善的視覺感，讓人一見就舒服。

任何一個人，都喜歡看人的笑臉，而不喜歡毫無表情的冷漠相。心理學研究證明，當一個人和另一個人接觸打招呼時，對方首先從視覺上觀察其面容與儀態，印象最深、感召力最大的是對方笑咪咪的臉孔、友善的儀態、親切的語氣。而這三者，主要是由「笑咪咪」的臉孔來統率的。如果沒有了「笑咪咪的臉」，也就沒有了「友善的情態」和「親切的語氣」。這是人感情的鏈式現象。

笑，在交際中的意義和力量是明顯的。求人成事時與對方初次見面，如果遇到令人拘謹的場面或沉悶的氣氛，不管是誰都會不同程度地產生心理防衛機制，從而使得接下來的事情難以順利進行。要解除這種防衛機制，消除對方的戒備心，必須創造出一種和諧自然的氣氛。這就要求人禮貌待人、主動熱情，從表情、髮型、衣著、談吐、動作、舉止到人格修養等，各方面都表現出一種既真實自然又落落大方的態度，以贏得對方的好感和喜愛。尤其是求職、求愛以及推銷時，這一點更加重要。有一個故事告訴我們，微笑能改變我們的生活。

威廉・史坦萊已經結婚十八年了，在這段時間裡，從早上起來到他要上班的時候，他很少對自己的太太微笑，或對她說上幾句話。史坦萊覺得自己是百老匯最悶悶不樂的人。後來，在一個教育培訓班中，史坦萊被要求用他微笑的經驗發表一段演講，於是他就決定親自試一個星期看看。

後來，每當史坦萊去上班的時候，他就會對大樓的電梯管理員微笑著說一聲「早安」；他以微笑跟大樓門口的警衛打招呼；他對地鐵的驗票小姐微笑；當他站在交易所時，他對那些以前從沒見過自己微笑的人微笑。史坦萊很快就發現，每一個人也對他報以微笑。他以一種愉悅的態度來對待那些滿肚子牢騷的人。他一面聽著他們的牢騷，一面微笑著，於是問題就容易解決了。史坦萊發現微笑能增加自己的收入，每天都為他帶來更多的鈔票。

史坦萊一直和另一位經紀人合用一間辦公室，他是個很討人喜歡的年輕人。史坦萊告訴自己最近在微笑方面的體會和收穫，並聲稱自己很為所得到的結果而高興。年輕人說：「當我最初跟您共用辦公室的時候，我認為您是一個非常悶悶不樂的人。最近我才改變這個看法：其實，當您在微笑時，充滿了慈祥。」

一個人的笑容就是他善意的擁抱。一個人的笑容能照亮所有看到他的人。對那些整天都看到皺眉頭、愁容滿面、視若無睹的人來說，你的笑容就像穿過烏雲的太陽。

善於微笑的人，通常是快樂的且有安全感的人，也常能使別人感到愉快，這也是人性格成熟的表現。健康、愉悅的微笑能增進人際關係，也是不良心理的一劑解藥。可見，微笑具有淡化情緒氣氛、消除鬱積的緊張和壓力的作用，微笑給人們的生活增添鼓舞和歡悅，讓人的生活情趣盎然。

戴爾・卡內基的人際關係學

美國著名成功學大師卡內基說：「微笑能贏得朋友，影響他人。」而研究也的確顯示，微笑的人比不微笑的人更讓人覺得舒服、好相處、迷人、有才幹、老實。經常微笑的人獲得成功的比例比較大，原因也在於微笑的人能夠讓人感覺誠實，容易產生信任。所以在生活中，你不妨露出你的微笑，用微笑去感動他人。

談論他人感興趣的話題

一般說，談話的話題應該視對方的情形而定，再好的話題若不能符合對方的需要，就無法引起對方的興趣。最好是想辦法引出兩人都感興趣的話題，才能聊得投機，然後再設法把話題引進自己所要談論的範圍內。

卜雷弗說：「上至政客權貴，下至普通百姓，老羅斯福都能與他們談得來。」老羅斯福有什麼魔法能夠做到這樣呢？道理很簡單，就是他在與人會面之前，先預習一下最適合來客興趣的話頭。他深知要獲得人的歡心，唯有談來客最熟悉而且最感興趣的事情。

曾任耶魯大學文學系教授的費爾波斯，從小就懂得這一訣竅。他說：「當我還只有八歲的時候，有一天，我到叔叔家去玩。到了晚上時，叔叔家裡來了一位客人，他與叔叔寒暄過後，就過來與我談話。他知道我喜歡玩小帆船，就講了許多帆船的故事，我聽得有點入迷了，以為他也是一個愛玩小帆船的朋友。等他走後，我叔叔卻告訴我，這人是位律師。他從來沒有與小帆船接觸過，可是為了要逗我高興，就和我談我所喜歡的東西罷了！」這事費爾波斯牢記在心，作為日後處世為人的準則。

茄立甫是美國童子軍的指導者，有一次，他為了籌措一筆款項幫助一個童子軍參加歐洲的童子軍大會操，而去見一家公司的經理。這位經理是一位大富豪，據說曾簽出一張百萬元的支票，後因故作廢，於是拿來裝入鏡框，掛在壁上，很以此自豪。茄立甫從這件事中懂得了他的心理，於是在見面時，第一件事就是要求見識一下那張支票，並且稱數目這樣大的支票，有生以來還是第一次聽說。經理聽他這樣一說，果然洋洋得意，立刻拿出來給他看。茄立甫一邊讚不絕口，一邊打聽了許多關於這張支票的故事，而對於自己的來意隻字未說。最後，倒是經理先問起了他，他這時才接過話頭把來意詳細說了出來。

出乎他的意料的是，那位經理不但對他的要求一口應允，而且自動增加代表的旅費，又讓他也跟著去。那位經理簽了一張支票，數目足夠茄立甫他們在歐洲住上一星期，此外還寫了好幾封介紹信，使他們在歐洲有人照顧。

後來這位經理隨時給茄立甫他們許多幫助，比如幫童子軍中家境不佳者找工作等等。而且從此那位經理和茄立甫成為了最好的朋友。

這巨大的收穫，正是因為當初茄立甫能在談話開始就迎合那位經理的興趣。這種技巧如果應用到商場中去，更能發揮作用。

紐約有一家麵包公司的經理，為了得到一家大旅社的生意，曾在四年中不斷地去拜訪那家旅社的董事長，雖然他用盡了各種交際手腕，想盡了一切攏絡辦法，都沒能成功。後來他忽然想到另外一個方法，那就是先引起他的注意和喜歡。他知道這位董事長是美國旅館同業公會主席，並兼著世界旅館業同業公會主席，對於會務非常熱心。

於是在下一次去見他時，他就先暢談關於同業公會情況。這一下立刻引起這位董事長的極大興趣，兩人眉飛色舞地足足談了半個鐘頭，臨別時，主人還有些依依不捨，竭力勸他也加入公會。經過這次談話以後，麵包公司的經理很幸運地，因為沒過幾天，那家旅社就來了一通電話，要他把麵包的樣品和價目表送過去。

連那位麵包公司的經理也沒有想到，他們的一席談話，竟產生出四年來無數次殷勤拜訪都沒有達到的效果！所以要想討人歡喜，先要迎合別人的興趣！

所以我們說，與人交談，一般應從雙方關心的話題談起，使對方樂於與你交談，這樣容易調動對方談話的情緒，有利於製造良好的氛圍，等談話水到渠成的時候再轉到你想談的話題或者難題上去，就可能比較容易達到目的。這樣談，比起一開始就直接談到對方不關心的話題或者難題，效果要好得多。由此看來，只有通過話題的選擇，才能把彼此要溝通的思想、複雜的情懷、微妙的心聲用妥善的語言表達出來。選好對方感興趣的話題，可以打開局面，迅速地進行有效的溝通。人際關係學大師戴爾・卡內基針對不同年齡的人，給我們提出了一些建議：

老年人：最基本的原則是聊過去，每個人都有自己的過去，俗話說：十個老頭九個好漢，每個人在歷史的長河中無足輕重，但在他們記憶的長河中，卻是無限豐富的。與長輩們有代溝是因為我們從不傾聽他們的過去。

中年男人：事業有成者，就說事業。事業無為者，就說平平淡淡的生活才是真正的生活。

中年女人：誇她的孩子，最典型的案子就是：電影電視中一個男人如果追的是寡婦，肯定都是從她的孩子入手的。在她媽還沒有接受你時，孩子已經接受你了。

青年小夥子：談未來，未來是虛無的，我們不可能有過多的爭論。我們這時只會對未來有一個美好的憧憬。

青年女子：就說她的長相，她的髮型、衣物、化妝品，她最關心的不過是這些而已。

少年：談偶像，每個少年都會有一個自己的偶像。管他是誰也好，聽他說說而已。

兒童：一般的套話是，多大了？上學了？有什麼本事了？給叔叔表演一個。

所以，如果要使人喜歡你，如果想讓他人對你產生興趣，那就記住這樣的原則：談論別人感興趣的話題。

戴爾・卡內基的人際關係學

戴爾・卡內基說：「如何製造餘韻無窮的談話，讓對方在離去後仍舊不斷咀嚼這次談話，那就是讓他人感興趣的話題。它是讓別人對你的話上癮的有效方式。」所以，如果你想讓人喜歡和你交談，就應該多談論他人感興趣的話題。

Chapter

THREE

安東尼・羅賓的潛能激發學

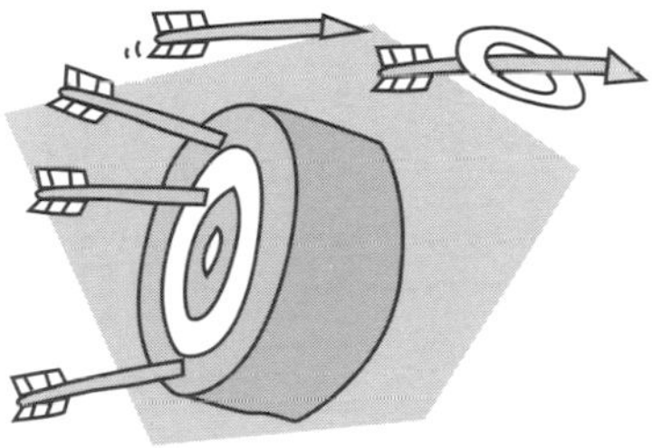

世界潛能激勵大師安東尼・羅賓曾經說，成功有四個步驟：1.潛能；2.行動；3.擔結果；4.擔信念。假如帶著百分之百的信念去做一件事情，你會發現什麼結果？大量開發潛能，大量行動，就會得到你想要的結果。所以，如果你想有一個讓自己驕傲的人生軌跡，那麼請開發自己的潛能，這樣你會做到你不曾預測自己能做到的事情。

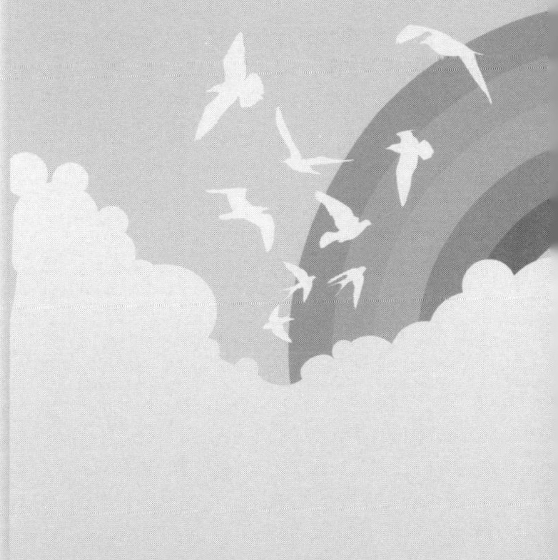

不要貼上「自我設限」的標籤

安東尼・羅賓說得好：「我們每個人的潛能都是無窮無盡的，然而能發揮多少？就全看我們對自我是怎麼認定的。比如說，如果你認定自己是一個有能力、有才華的人，那麼就會發揮出符合你這樣認定的一切天賦；同理，不管你認定自己是個窩囊廢、瘋子，還是認定自己是個贏家或風雲人物，這都會馬上影響你對自己能力的支取。」

許多年前，重量級拳王吉姆在例行訓練途中看見一個漁夫正將魚一條條地往上拉。吉姆注意到，那漁夫總是將大魚放回去，只留下小魚。吉姆好奇地上前問那個漁夫，為什麼只留下小魚放回大魚。漁夫答道：「老天，我真不願這麼做，但我實在別無選擇，因為我只有一個小鍋子。」

在你大笑之前羅賓提醒你，他實際是在講你呢！許多時候當我們想到一個大的主意時，往往會告訴自己：「天啊！可別來個這麼大的！我只有一個小鍋子呢！」我們更常常自我安慰道：「更何況如果是一個好主意，別人早該想到了。就請賜給我一個小的吧！不要逼我走出舒適的小圈子，不要逼我流汗。」安東尼・羅賓指出：在我們每個人的生命中，都會面臨許多害怕做不到的時刻，因而畫地自限，使無限的潛能只化為有限的成就。

經常給自己設限的人，他們認為別人（特別是名人、偉人）是不可超越的，自己不如他們，自己是沒有資本和他們相比的。但是有一點他們都忽略了，一個偉人，一個天才也是從一個普通人開始的；不過他們通過自己的努力能夠超越他人，超越自我。偉人們不會因為自己某一方面不如別人而否認自己，降低自己的追求，重新制定目標。一般說來，他們不會輕易地改變自己的決定，除非經過自己的實踐後確實行不通的。因為他們相信科學沒有定論，今天的真理可能到了明天就成了謬論。這一點我們也知道一些，在哥白尼提出日心說之前，地心說是真理，但是它經不起實踐的考驗。因為實踐是檢驗真理正確與否的唯一標準。偉人們沒有為自己設定限度，暢遊在浩瀚的知識海洋裡，探索著宇宙的奧秘。

大多數人總愛「自我設限」，在他們的思維習慣裡有太多的「不可能」，許多事情還沒有動手做，自己先想當然地否決了，自然偃旗息鼓、不戰自敗，這就是許多人不能成功的原因所在。對於人類所擁有的無限潛能，世界頂尖潛能大師安東尼・羅賓曾講過這樣兩段小故事：

一位已被醫生確定為殘疾的美國人，名叫梅爾龍，靠輪椅代步已十二年。他的身體原本很健康，十九歲那年他赴越南打仗，被流彈打傷了背部的下半截，被送回美國醫治，經過治療，他雖然逐漸康復，卻沒法行走了。

他整天坐輪椅，覺得此生已經完結，有時就借酒消愁。有一天他從酒館喝完酒出來，照常坐輪椅回家，卻碰上了三個劫匪動手搶他的錢包。他拼命叫喊拼命抵抗，卻觸怒了劫匪，他們竟然放火燒他的輪椅。輪椅突然著火，梅爾龍忘記了自己是殘疾，他拼命逃走，竟然一口氣跑了一條街。事後梅爾龍說：「如果當時我不逃走，就必然被燒傷，甚至被燒死。我忘了一切，一躍而起拼命逃跑，及至停下腳步，才發覺自己能夠走動。」後來，梅爾龍在奧馬哈城找到一份職業，他身體健康，與常人一樣走動。

一位農夫在穀倉前面注視著一輛輕型卡車快速地開過他的土地。他十四歲的兒子正開著這輛車，由於年紀還小，他還不夠資格考駕駛執照，但是他對汽車很著迷——似乎已經能夠操縱一輛車子，因此農夫就准許他在農場裡開這客貨兩用車，但是不准上外面的路。

但是突然間，農夫眼看著汽車翻到水溝裡去，他大為驚慌，急忙跑到出事地點。他看到溝裡有水，而他的兒子被壓在車子下面躺在那裡，只有頭的一部分露出水面。

這位農夫並不很高大，根據報紙上描述，他有一百七十公分高，七十公斤重。但是他毫不猶豫地跳進水溝，把雙手伸到車下把車子抬了起來，足以讓另一位跑來援助的工人把那失去知覺的孩子從下面拖出來。

當地的醫生很快趕來了，給男孩檢查了一遍，只有一點皮肉傷需要治療，其他毫無損傷。

這個時候，農夫卻開始覺得奇怪起來，剛才他去抬車子的時候，根本沒有停下來想一想自己是不是抬得動，由於好奇，他就再試了一次，結果根本就抬不動那輛車子。

這兩個事件都令人們懷疑其真實性。但一位研究人體潛能的專家說：「此事完全有可能發生。人在遇到危急情況時，身體中會分泌一種奇異的激素，此激素能激發出人體所潛藏的超常能力。情況越危急，潛能越易發揮，而在平常情況下，潛能皆處於沉寂狀態。」

人體的潛能真的是超乎想像啊！假如我們都能激發出身體的潛能，那還有什麼任務完成不了，什麼困難攻不破呢？可是，潛能真的只能在緊要關頭、千鈞一髮之時才能發揮嗎？當然不是。除了危急時刻人體能爆發出潛能外，平常的情況下，潛能也可以被發掘出來。

其實人的大腦是很有潛力可挖的。據資料上講，一般正常人的大腦由一千億個神經細胞組成，可以儲存一千萬億個資訊單位，而一個人一生中能夠利用的不過百分之十左右。據說愛因斯坦用得最多也只有百分之十七。同時人的體能也一樣，這就是一代代的運動員在同一運動項目上一次次地超越別人，一次次地打破世界紀錄的原因。

所以，面對任何事情我們都要積極動腦，想盡一切辦法，付出艱辛的努力去完成，而不是為沒有完成任務去尋找託辭，哪怕看似可以原諒的理由。「在生命的重要時刻，我們卻對發生在自己身上的事物無能為力，只能聽天由命——這是世界上最大的謊言。」人應該能主宰自己，有改變世界的能力和信心。

安東尼．羅賓的潛能激發學

如果你覺得低人一等，那麼你就會低人一等。自我設限思想把我們放在一個不屬於我們的低水準上，上帝並沒有把我們放在那裡，我們應該遠遠高於那個水準。我們不要自我設限，不能知難而退，因為自我設限是一個挑戰者萬萬不能有的。

困難面前，找方法不找藉口

安東尼・羅賓說，很多人達不成目標就找藉口和理由。這所有的藉口和理由就是一句話：沒有資源。其實資源從來都不是問題，只要你有智慧去整合這些資源。所以，遇到任何困難不要給自己放棄的藉口，而是應該動用自己的智慧想辦法。

如果你去瞭解每一個成功的人士，你就會發現，他們都是經歷過那麼多的失敗之後才成功的。面對失敗時的兩種選擇，決定了你往後的成功與否：一種是為了下一次的成功去總結失敗的教訓與找出成功的方法；另一種是為自己失敗找尋一大堆的藉口與理由來解釋自己的失敗。而不同的態度會導致不同的結果，為成功找方法的人最終獲得了成功，而為失敗找藉口的人依然在失敗。而那些最成功的人，往往都是最重視找方法的人。

李嘉誠，華人首富，他的名字可謂家喻戶曉。他之所以能夠做得那麼成功，是有一定原因的。從打工的時候開始，他就是一個通過找方法去解決問題的高手。

李嘉誠先是在茶樓做跑堂的夥計，後來應徵到一家企業當推銷員。做推銷員首先要能跑路，這一點難不倒他，以前在茶樓成天跑前跑後，早就練就了一副好腳力，可最重要的，還是怎樣千方百計地把產品推銷出去。

有一次，李嘉誠去辦公大樓推銷一種塑膠灑水器，一連走了好幾家都無人問津。一上午過去了，一點成績都沒有，如果下午還是毫無進展，回去就無法向老闆交代。

儘管推銷頗為艱難，他還是不停地給自己打氣，精神抖擻地走進了另一棟辦公大樓。他看到走道上的灰塵很多，突然靈機一動，沒有直接去推銷產品，而是去洗手間把灑水器裡裝了一些水，將水灑在走道裡。十分神奇，經他這樣一灑，原來髒兮兮的走道一下變得乾淨了許多。這一來，立即引起了主管辦公大樓有關人員的興趣，就這樣，一下午他就賣掉了十多台灑水器。

在做推銷員的整個過程中，李嘉誠十分重視分析問題和總結方法。這樣一來，獲得的收益自然要比別人多。

成功者重視找方法，而那些失敗者總是習慣找藉口，好像所有的失敗都與他們無關，都是外在條件和客觀環境造成的結果。所以，我們在遇到困難的時候，一定要記得這句話：只為成功找方法，不為失敗找藉口。用這句話來警示自己，世界上沒有解決不了的困難，只要積極去想方法，一定能解決任何困難，也只有積極找方法的人，才能得到更大的成功。

詹妮芙・派克小姐是美國鼎鼎有名的女律師。她曾被自己的同行——老資格的律師馬格雷先生愚弄過一次，但卻恰恰是這次愚弄使詹妮芙小姐名揚全美國。事情是這樣的：一位名叫康妮的小姐被美國「全國汽車公司」製造的一輛卡車撞倒，司機踩了剎車，但是卡車依舊把康妮小姐捲入車下，導致康妮小姐被迫截去了四肢，骨盆也被碾碎。但關鍵是康妮小姐說不清楚究竟是自己在冰上滑倒掉入車下，還是被卡車捲入車下的。「全國汽車公司」的代表律師馬格雷先生則巧妙地利用了各種證據，推翻了當時幾名目擊者的證詞，康妮小姐因此敗訴。

絕望的康妮小姐向詹妮芙・派克小姐求援。詹妮芙通過調查，掌握了該汽車公司的產品近五年來的十五次車禍——原因完全相同，該汽車的制動系統有問題，急剎車時車子後部會打轉，把受害者捲入車底。

詹妮芙對馬格雷說：「卡車制動裝置有問題，你隱瞞了它。我希望汽車公司拿出二百萬美元來給我的當事人，否則，我們將會提出控告。」

老奸巨猾的馬格雷回答道：「好吧，不過我明天要去倫敦，一個星期後回來，屆時我們再研究一下，做出適當安排。」

一個星期後，馬格雷卻沒有露面。詹妮芙感到自己是上當了，但又不知道為什麼上當，她的目光掃到了日曆上——詹妮芙恍然大悟，訴訟時效已經到期了。詹妮芙怒衝衝地給馬格雷打了個電話，馬格雷在電話中得意洋洋地放聲大笑：「小姐，訴訟時效今天過期了，誰也不能控告我了！希望你下一次變得聰明些！」

詹妮芙幾乎要給氣瘋了，她問秘書：「準備好這份案卷要多少時間？」

秘書回答：「需要三、四個小時。現在是下午一點鐘，即使我們用最快的速度草擬好文件，再找到一家律師事務所，由他們草擬一份新文件，交到法院，那也來不及了。」

「時間！時間！該死的時間！」詹妮芙小姐在屋中團團轉，突然，一道靈光在她的腦海中閃現，「全國汽車公司」在美國各地都有分公司，為什麼不把起訴地點往西移呢？隔一個時區就差一個小時啊！」

位於太平洋上的夏威夷在西十區，與紐約時差整整五個小時！對，就在夏威夷起訴！

詹妮芙贏得了至關重要的幾個小時，她以雄辯的事實，催人淚下的語言，讓陪審團的成員們大為感動。陪審團一致裁決：詹妮芙小姐勝訴，「全國汽車公司」賠償康妮小姐六百萬美元賠償費！

像這個故事一樣，尋找解決問題的方法雖然不很容易，但方法總是有的，只要我們努力地思考。同樣，如果我們遇到了難題，就應該堅持這樣的原則：找方法，而不是找藉口。因為一個真正優秀的人是只會為成功找方法，而拒絕尋找任何解釋與藉口。你要以自己的信心、勇氣及全部的努力向一切困難挑戰，為成功找方法，不為失敗找藉口，相信你最終能收穫成功！

安東尼・羅賓的潛能激發學

「做事不要找藉口」並不僅僅是一種工作態度，更重要的是，它是一種生活理念。在你人生的方方面面，你都應該信守這一理念，惟有如此，你才可能獲得一種成功而又幸福的生活。安東尼・羅賓認為，不為困難找藉口是成功的一條重要原則。

在想像中類比你的目標狀態

成功學大師安東尼・羅賓說：「想像中類比你的目標狀態，可以帶領你更快地走向目標。」事實的確如此，哈佛大學也曾做過這樣一項關於學習新知識的調查研究：研究人員發現，沒有設想過如何完成作業的學生，作業的正確率只有百分之五十，而預先設想過如何完成作業的學生，作業的正確率竟接近百分之百！

還有一個有趣的心理試驗，研究人員把水準相似的足球隊員分為三個小組，告訴第一個小組停止練習射門一個月，而第二個小組則在一個月之內做到每天下午在球場上練習射門一個小時，至於第三個小組，他們讓這個小組在一個月中每天在自己的想像中練習一個小時射門。

研究人員在一個月後將結果公佈：第一組射門的成功率由百分之三十九降為百分之三十七，；第二組射門成功率由百分之三十九上升到了百分之四十一，這兩組的資料都在大家的預料之中，沒有什麼異常。但是第三組的結果卻令人感到極為意外：他們射門的成功率由百分之三十九上升到了百分之四十二點五！

在想像中練習射門技術，怎麼能夠比在足球場中練習射門技術提高還要快呢？這是由於模擬成功的效果。因為在第三組人的想像中，他們踢出的球都進入了球門。

其實成功者就像是第三組球員，他們不斷地創造或者模擬著他們想要獲得的經歷，模擬著成功來激勵自己。他們想像自己就是一個成功者，結果，他們就成為了成功者。而失敗者往往在一次次的失敗經歷中被失敗打倒，此後，在他們的想像中更多的是對失敗的擔心畏懼，結果，他們就真的成了失敗者。

在前往成功的路上，形象化的設想——或者說在腦海裡創造出鮮明的、激動人心的畫面——是我們擁有的最有力卻沒有得到充分使用的工具。因為我們在真實生活裡從事各種活動時，大腦的思維過程與進行設想這些活動時的過程是相同的。也就是說，我們的大腦認為，設想某件事和實際做某件事之間，在整個思維過程上並無本質區別。

倫敦大學的羅勃・博哈利博士在教弱智孩子學習時說：「想一個你認識的很聰明的人，然後閉上雙眼，想像你就是那個聰明人。」孩子們照做後，接下來的測試結果顯示孩子們的分數都有顯著提高。

為什麼會如此神奇呢？因為你如果調動了全部身心投入到非常生動的想像中去，大腦的潛意識便分辨不出什麼是現實，什麼是想像。然後大腦就會按照你在想像時創造的記憶線路，自動下達行動指令，引導你走向你強烈設想的情境。只要我們大膽去想，我們一定能超越自己。

詹姆斯・納斯美瑟少校夢想在高爾夫球技上能夠突飛猛進，於是他發明了一種獨特的方式以達到目標。在此之前，他的水準和一般在週末才練習的人差不多，水準在中下游之間。這以後的七年間他幾乎沒碰球桿，沒踏進球場。

而在這七年間，納斯美瑟少校用了令人驚歎的先進技術來增進他的球技——這個技術人人都可以效仿。運用這種方法，在他復出後第一次踏上高爾夫球場時，就打出了令人驚訝的七十四桿。這比他以前打的平桿杆數還低二十桿，而他已七年未上場！真是難以置信。不只如此，他的身體狀況也比七年前好。

然而，少校這七年是在越南的戰俘營度過的。七年間，他被關在一個只有四尺半高、五尺長的籠子裡。絕大部分的時間他都被囚禁著，看不到任何人，沒有人說話，也沒有任何體能活動。前幾個月他什麼也沒做，只祈求著趕快脫身。後來他意識到必須發現某種方式，使之佔據心靈，不然他會發瘋或死掉，於是他學習建立「心像」。

在他的心中，他選擇了最喜歡的高爾夫球，開始打起高爾夫球。每天，他在夢想中的高爾夫鄉村俱樂部打十八洞。他看見自己穿了高爾夫球裝，聞到綠樹的芬芳和草的香氣。他還嘗試體驗不同的天氣狀況，在他的想像中，開球檯、草、樹、啼叫的鳥、跳來跳去的松鼠、球場的地形都歷歷在目。

他感覺自己的手握著球桿，練習各種推桿與揮桿的技巧。他看到球落在修整過的草坪上，跳了幾下，滾到他所選擇的特定點上，一切都在他心中發生。

而在真正的世界中，他無處可去。所以他在心中一步一步向著小白球走，好像他的身體真的在打高爾夫球一樣。在他心中打完十八洞的時間和現實中一樣，一個細節也不能省略。他一次也沒有錯過揮桿左曲球、右曲球和推桿的機會。

在很多人看來，詹姆斯・納斯美瑟少校的「心像術」是一種徒勞無功、不切實際的幻想，但實際上，這種心像的建立是需要有追求生存、追求生活、追求理想的力量來支撐的。我們生活的社會就像困住少校的囚籠，節奏快得讓人有些時候喘不過氣來。但繁忙緊張並不可怕，可怕的是我們放棄了追求的信念。

看起來不可思議嗎？可它就是事實。當你每天在腦海裡預演目標已完成的情況，你設想的內容和你現在情況之間的不協調，會在你的潛意識裡就形成了一個衝突。為解決這一衝突，你的潛意識就試圖改變現狀，讓它變成全新的、更令人激動的場面。這樣就有利於你實際上的改進。通過不斷地進行形象化設想，不斷強化這一衝突，可以產生一系列微妙的變化。為什麼這樣說呢？

首先，它會使你大腦的網狀系統得到調整，調動任何「能幫助你實現目標」的因素，同時使你拋棄那些違背你成功路線的因素。

其次，它刺激你的潛意識，使你的思維也變得靈活起來，一些達到你理想目標的方法得以創造出來，比如，清晨醒來你會發現腦子裡冒出好主意，你洗澡的時候蹦出很多點子，即使在你散步、開車上班或吃中午飯的時候，都會使你靈光閃動。這些都是達到你想要的東西的好的捷徑。

最後，你在做事情的時候，形象化設想能夠提高你的積極主動性，創造出新的能動力。結果，你會發現自己會完成很多以前自己不敢去做，或認為不能做到的事情，這樣也就達到了更高的目標。如果你是粉刷工，當你在頭腦中想像著：當太陽沉入地平線的時候，自己正站在剛剛粉刷好的甲板旁，這是多麼輕鬆愜意的事情啊！

許多成功的人之所以能夠實現他們的夢想，主要是因為他們將渴望和思想具體化、形象化，他們具有按照成功來思考問題的習慣。他們心裡所想、行為所做的都是朝向成功，因而最後都成為事實。英國小說家毛姆曾說：「人生實在奇妙，如果你堅持只要最好的，往往都能如願。」每一種思想，只要持之以恆百折不撓地加以貫徹，都會夢想成真。所以，無論環境如何困苦，也不要向它低頭，只要敢於去想，就沒有什麼不能實現。

安東尼・羅賓的潛能激發學

在人類的本性中，有一種強烈的傾向，就是希望能徹底變成自己想像中的樣子。一個人的個性，便是他整天所想要做的那種人。思想具有決定命運和結局的力量，這是一個普遍的真理。所以，從現在開始想像自己的理性狀態吧，它會帶你漸入佳境。

嘗試未知，釋放自己的潛能

安東尼・羅賓說，釋放潛能的方法就是嘗試未知。他說，歷史上許多偉大的人物諸如佛蘭克林、貝多芬、達・文西、愛因斯坦、伽利略、羅素、蕭伯納、邱吉爾以及其他許多巨人，大多是敢於探索未知的先驅者。其實他們在許多方面與普通的人一樣平常，唯一區別的，只不過是他們敢於走常人不敢走的路罷了。一旦你敢於探索那些陌生的領域，便有可能切實體驗到人世間的種種樂趣。

馬羅・路易士的輝煌成就完全是兩次賭注造成的，第一次是未滿二十歲的時候，第二次是三十歲的時候。

馬羅出生在一個音樂及戲劇世家，耳濡目染下，對各種樂器都能玩上一玩。七歲不到他就指揮過管弦樂隊，十歲發行報紙，十二歲雇了十六名少年來做買賣雞蛋的生意，十四歲組建了自己的樂隊。高中畢業後，他成為芝加哥新聞局的記者，與後來的著名記者赫格特及查理斯・麥克亞瑟等一起從事瞬息萬變的新聞事業。十九歲時，他獲得與音樂有關的獎學金，但因還居不能繼續深造。

搬到紐約後，馬羅在一家廣告公司找到一個週薪四美元的工作。馬羅回憶說：「那時我整天四處奔走，忙個不停。下午六點下了班後，就趕去哥倫比亞大學上夜校，學習廣告學。有時工作沒做完，下了課還得趕回公司，從晚上十一點一直忙到凌晨二點。」

馬羅喜歡做一些有創意的工作，自己也很滿意。

二十歲時，馬羅毅然放棄了在廣告公司的大好前途，決心自己創造一份事業。他不願再過拿一份薪水的生活，而希望充分運用時間，去實現自己的構想。這是他的一生中頭一次下注，後來果然獲得了意外的成功。

當時的百貨業狀況普遍不佳，已經到了必須運用公共關係和廣告來促銷的地步。馬羅的想法是：說動百貨業，共同協辦CBS的紐約菲爾交響樂節目。另一方面，這個交響樂節目在全國擁有一百萬以上的聽眾，需要有一位優秀的主持人才行。

但是他面臨一個難題，需要人手去說服那些百貨公司。他沒有這種人才，何況花費在數百萬美元以上，根本是不可能的。但是，馬羅卻充滿幹勁，四處去說服百貨公司簽約，最後當他把計畫向CBS提出時，CBS樂歪了嘴，竟一拍即合。十個星期後，馬羅和CBS的廣告主任共同設法處理廣告問題。這期間，馬羅並未支取薪水。

眼看大功即將告成，卻因訂約的公司不足而功敗垂成。為了實現構想而拋棄安定的工作，最後卻不免失敗，雖然很不划算，但從長遠眼光來看，事實卻不儘然。CBS很賞識他的創見，便安排他到紐約新成立的業務部工作，薪水比以前高出三倍。失之東隅，收之桑榆。二十歲的馬羅得以在CBS一展才華，這是一個雖然押錯了寶，卻製造出機會的例子。

自古成功在於嘗試，勇於嘗試，是成功的必經之路。人的潛力無窮，只有肯努力，只要勇於嘗試，就有成功的希望。害怕攀登高峰的人，只能在窪地裡徘徊，勇於為別人開路的人，總是走在最前面的人。如果一件事沒有困難，也就沒有機會成長；因此面對困難的事，更要勇於嘗試。你一定可以成功，問題只是如何將構想化為行動而已，所以，去嘗試吧。只要嘗試，就有機會。

瑪麗晉升為約翰森公司新產品部主任後的第一件事，就是要開發研製一種兒童所使用的胸部按摩器。然而，這種產品的試製失敗了。瑪麗被召去見公司的總裁。瑪麗心想這下肯定要被老闆炒魷魚了，誰知，她卻受到了意想不到的接待。「你就是那位讓我的公司賠了大錢的人嗎？」羅伯特‧伍德‧約翰森問道。「好，我倒要向你表示祝賀。你能犯錯誤，說明你勇於嘗試。如果你缺乏這種精神，我們的公司就不會有發展了。」數年之後，瑪麗本人成了約翰森公司的總經理，她仍牢記著前總裁的這句話。

其實很多的時候，人們總是想做一件事，卻遲疑著、擔心著不敢去做；而有些時候，又總是不斷選擇著A和B哪一個更好，卻忘記了選擇時，機會就已經悄然溜走。所以勇敢地邁出去，無論你選擇的是哪一條路，只要踏出去，你就已經勝利了一半。

成功最艱難的不是過程，而是邁出的第一步，只要你有勇氣邁出第一步，那麼後面的困難也就不算什麼了，千萬不要說「我不敢」、「我不能」之類的話，沒有嘗試過，誰都不能為自己的未來下定義，我們應該勇敢地邁出第一步。或許我們會有一些膽怯，但想起成功時，我們就會繼續鼓足勇氣、充滿信心地走下去。我們不甘心比別人落後，因為我們要做第一。

安東尼・羅賓的潛能激發學

勇於嘗試求勝，就能比你想像的做得更多、更好。在勇於嘗試的過程中，你就能使自己的平淡生活變成激動人心的探險經歷，這種經歷會不斷地向你提出挑戰，不斷地激發你的熱情，釋放你的潛力，並推動你不斷地開拓人生，迎接更新、更高、更廣闊的境界。

給自己設置一個目標

世界頂尖潛能大師安東尼・羅賓曾經這樣說：「有什麼樣的目標，就有什麼樣的人生。」的確，目標引導我們發揮潛能。關於目標，曾經看到這樣一個故事：

一九二六年，英國皇家學院院士肯萊文發現一個大沙漠中有一個叫比塞爾的小村莊。它緊靠一片綠洲，從這裡走出沙漠只要三天時間，可是奇怪的是，這裡卻沒有一個人走出過沙漠。

肯萊文問那裡的人：為什麼不出去？得到的回答是：走不出去。原來他們嘗試過多次，無論向那個方向走，每次都是轉回到原地來。肯萊文當然不信，他雇了一個當地人阿古特兒讓他帶路，走了十天，果然又回到了原地。他由此弄清楚了他們走不出去的原因：原來，他們不認識北斗星，在茫茫大漠裡沒法準確地判斷方向，所以他們走的路線實際上不是直線，而是一條弧線。

肯萊文告訴阿古特兒，你白天休息，晚上朝著那顆星的方向一直走，你就能走出去了。後來，阿古特兒就成了那裡第一個走出沙漠的人。如今那裡成了旅遊勝地，村裡樹立著一座阿古特兒的銅像，銅像的底座上刻著這樣一行文字：新生活是從選定方向開始的。

在人們的生命旅途中，也有這樣的沙漠，很多人走不出沙漠，並不是因為那沙漠太大，大到人們根本無法走出去，而是人們沒有選定方向。沙漠中沒有方向的人，只能徒勞地轉著一個又一個圈子，生活中沒有目標的人，只能無聊地重複自己平庸而單調的生活。新生活是從選定方向開始的，要想開創不一樣的人生，必須從選定目標開始。只有越早明確你的方向，才能越少走彎路。

前美國財務顧問協會的總裁路易士・沃克，在就有關穩健投資計畫基礎接受一位記者問題採訪時，記者問他道：「到底是什麼因素使人無法成功？」沃克回答說：「模糊不清的目標。」記者請求沃克就這個說法做進一步解釋。沃克說道：「我在幾分鐘前就問你，你的目標是什麼？你說希望有一天可以擁有一棟山上的小屋，這就是一個模糊不清的目標。問題就在『有一天』這個時間不夠明確，這樣說話，成功的機會也就不會太大。」沃克接著說，

「如果你真的希望在山上買一間小屋，你必須先找出那座山，算出小屋的價值，然後考慮通貨膨脹，算出五年後這棟房子值多少錢；接著你必須決定，為了達到這個目標每個月要存多少錢。如果你真的這麼做，你可能在不久的將來就會擁有一棟山上的小屋。但如果你只是說說，夢想就可能不會實現。夢想是愉快的，但沒有配合實際行動計畫的模糊夢想，則只是妄想而已。」

如果一個人毫無目標地駕著一葉無舵之舟乘風破浪，不知道該去何方，就只能在人生的旅途上徘徊，永遠到不了任何地方。

生活和工作當中，很多人都不知道自己該走向何處。茫茫人海之中，這樣的人不計其數，你也許會為這麼多的人生活於漫無目的之中而感到驚訝，但是反過來看看自己，千萬不要向這些漫無目的人學習，你應該知道自己將何去何從。如果搞不清白己要到哪裡去，那你很可能最終只能以一事無成收場。對此，安東尼・羅賓給出了我們一些制定目標的建議：

步驟一：首先解答自己為什麼要設定這一目標

成功者在設定目標的同時，也會找出設定這些目標的理由。當他十分清楚地知道實現目標的好處或壞處時，便會馬上設定時限來規範自己。

步驟二：設定實現目標各階段的時限

時限會對行動起到催化的作用。一般人如果沒有時限來約束自己的話，很難檢查出在實現目標的過程中處於哪一個階段。因此，當明確知道目標之後，便要設下明確的實行時限。

步驟三：列出實現目標所需的條件

若不知實現該目標所需的條件，如何去執行這一計畫則會令你感覺雲裡霧裡，而不知所云。比如你想進哈佛大學就讀，卻不知哈佛的錄取標準，則進入哈佛必定有所困難。如果明確知道它的錄取標準，則就能按部就班地用心執行了。

步驟四：將目標實現後的遠景作為你心底永恆的嚮往

經過心底強化後的嚮往已經溶入到了你的靈魂深處，使之成為你夢想的彼端。當這種嚮往累積到一定程度，自然會激發你的無限潛能，創造出超然的行動力。

步驟五：列出目前不能實現目標的所有原因，從難到易排列，並思考解決的方法。

列出解決方法之後，通常就可以立即採取行動了，而且從這些解答中可以得到你行動的突破口。

步驟六：通過外界力量堅定你行動的決心

許多人只是對目標有興趣，但並未決意一定要實現目標，因此，對於實現自身目標缺乏勇氣與自信的人來說，自然無法實現。僅僅是有興趣不會讓你成功，只有「決定成功」才能讓你成功。因此，你不妨讓瞭解你的人、以及瞭解你目標領域的人來鼓舞你，堅定你必勝的信心。

步驟七：果敢抓機遇，立即行動

既然目標是經過你長期深思熟慮的結果，就不要再懷疑、猶豫，要不失時機開始行動。成功垂青於那些果敢的有志之士。

步驟八：清晨規劃，夜夜省思

若每年檢查一次實施成果，則一年只有一次機會可以改正錯誤；若每月檢查一次，則一年有十二次機會改正錯誤；若每天衡量一次，則一年就有三百多次機會改正錯誤。所以，每天衡量次數增多，機會當然會相對增加。

總之，如果一個人整天只是對自己或是對別人說：「我要成為世界上最成功的人。」但卻不清楚自己接下來要做些什麼，那麼他只能是白日做夢而已。任何一個人想要成功，必須從制定目標開始。

安東尼・羅賓的潛能激發學

目標對於成功的重要性猶如空氣對於生命。如果沒有空氣，人不可能生存；同樣如果沒有目標，人也就不可能成功，這是適用於任何行業的黃金法則。所以，如果你渴望成功，那麼，從現在開始根據自己的需要，給自己制定一個確定的、合適的目標吧。

掌控自己的情緒

安東尼・羅賓說：「成功的秘訣就在於懂得怎樣控制痛苦與快樂這股力量，而不為這股力量所反制。如果你能做到這點，就能掌握住自己的人生，反之，你的人生就無法掌握。」這就是說，我們要學會掌控自己的情緒。

在心理學上，可以用著名的「踢貓效應」來描述這個狀況：公司的老闆罵了員工小王；他很生氣，回家跟妻子吵了一架；妻子覺得莫名奇妙，正好兒子回家晚了，「啪」給了兒子一耳光；兒子捂著臉，看見自家的貓就給牠狠狠一腳；那貓衝到外面街上，正遇上街上的一輛車，司機為了避讓貓，卻意外而不幸壓死了旁邊的一個小孩子。

美國知名專欄作家哈理斯這樣說，「踢貓效應」中的每個被他人影響情緒的對象，都是情緒被他人控制的人。你的情緒由他人的行為來主宰，在完全自己不自覺的狀態下，產生非理性的行為，破壞了自己的生活。不僅僅「踢貓」，我們還經常能聽到這樣的言論：「我今天好倒楣，因為我碰到糟糕的客戶。」「我的命真苦，因為我的同事都很厲害，害得我不能出頭。」「我越來越老了，長了好多皺紋，都怪我的工作。」說這些話的人都有一個共同點，那就是他們把自己的情緒交到了別人的手上。

一九六五年九月七日，世界檯球冠軍爭奪賽在美國紐約舉行。路易士・福克斯以絕對優勢將其他選手甩到身後。決賽時也非常順利，已經勝利在望了，只要再得幾分他便可以穩拿冠軍了。可是，就在這時一隻蒼蠅落在了主球上，於是他趕忙揮手將蒼蠅趕走了。可是，當他再次俯身準備擊球的時候，那隻蒼蠅又落到了主球上，這時，路易士・福克斯的情緒發生了一些變化，他開始因這隻討厭的蒼蠅不斷落到主球上而生氣。更讓他生氣的是，那隻蒼蠅彷彿是有意要與他作對，只要他一回到球臺準備擊球，那隻蒼蠅就會重新落到主球上來。這時，路易士・福克斯的情緒惡劣到了極點，他終於失去理智，難以抑制的憤怒使得他突然用球桿去擊打蒼蠅，結果球桿觸動了主球，裁判判他擊球，他也因此失去了一輪機會。經過這一番折騰，路易士・福克斯一下子方寸大亂，在後來的比賽中連連失利，而他的對手約翰・迪瑞卻愈戰愈勇，迅速趕了上來並將其超越，最終贏了這場比賽。第二天早上，人們在河裡發現了路易士・福克斯的屍體，他投河自殺了！

一名所向無敵的世界冠軍居然被一隻小小的蒼蠅打敗！這顯然有些不可思議。其實，在很多人看來，路易士・福克斯當時完全沒有必要去管那隻蒼蠅的事情，隨它去好了。

一個在檯球方面具備如此造詣的選手應該明白，一隻蒼蠅落到主球上幾乎不會影響擊球，但是就因為一時的衝動，他輸掉了比賽。這顯然是得不償失的。其實這還不是關鍵，這次失敗了，下次還可以再來，情緒失控了一次，下次就應該控制。然而，這位世界冠軍卻沒有做到這一點。在因一次不理智的行為造成嚴重後果後，他不是去考慮如何控制自己的情緒，而是再一次以一種更加不理智的行為把悲劇上演——自殺。

那麼，我們該如何擺脫我們經常被他人影響的情緒呢？那就是學會自我控制。每一個人都應努力做自己情緒的主人，都應在重要的關鍵時刻保持理智。即使當時沒能左右自己的情緒，也應努力使自己在最短的時間內恢復理智，這樣才能把損失降到最低。而且，著名的心理學家艾利斯曾說：「人的情緒不是由事情本身引起的，而是因你對這個事情的看法和觀念產生。」而關於如何控制自己的情緒，安東尼・羅賓給出了三種不同的方法。

第一種是身體狀態，你怎樣利用你的身體。如果你感覺快樂或者失落都表明你在用不同的方式對待你的身體。換句話說，情緒是由動作控制的！當你快速地作出一些動作，藉著身體和聲帶，你的感覺很快便會改變。其實僅僅藉著笑也能帶來很大的改變，如果你想改變自己的人生，何不每天沒有理由地來上三、五次大笑呢？笑是所有情緒中最受人歡迎的，它不僅能影響人的生理，甚至還會增強人的免疫系統。

第二種是你運用的語言。語言是影響情緒的強有力工具。當你為不良情結所壓抑的時候，可以通過言語暗示作用，來調整和放鬆心理上的緊張狀態，使不良情緒得到緩解。比如，你在發怒時，可以用言詞暗示自己「不要發怒，發怒會把事情辦壞的」。陷入憂愁時，提醒自己「憂愁沒有用，於事無益，還是面對現實，想想辦法吧」。在鬆弛平靜、排除雜念、專心致志的情況下，進行這種自我暗示，對情緒的好轉將大有益處。

第三種是我們的信念。因為我們心中的信念和語言與身體是相互影響的。

你將你的精力集中在什麼東西上，你就會有什麼感覺，不管你的信念正不正確，因為你的思想集中在什麼上，它就會變成現實。一旦你的思想集中在某種事情上，你就有一種信念，最終就會產生相應的結果。

所以，從現在開始，只要我們改變習慣用的語言，我們的思考模式，我們就會徹底改變自己的感覺和經歷。

安東尼・羅賓的潛能激發學

情緒就像人的影子一樣每天與人相隨，我們在日常的工作、學習和生活中時時刻刻都體驗到它給我們心理和生理上帶來的變化。如果我們在某種程度上能夠瞭解情緒對人產生的影響，並對情緒產生和發展的基本規律有一定的認識，這將不僅有利於我們的身心健康，而且對我們的學習和工作都十分有利。

立刻行動，現在就去做

做事的秘訣是什麼？安東尼・羅賓告訴我們，督促我們去運用這個秘訣的座右銘是：現在就去做。在說過「現在就去做」以後，只要一息尚存，就必須身體力行。無論何時必須行動，「現在就去做」的象徵從你的潛意識閃到意識裡時，你就要立刻行動。所以請你養成習慣，先從小事上練習「現在就去做」，這樣你很快便會養成一種強而有力的習慣，在緊要關頭或有機會時便會「立刻掌握」。

比方說你有個電話要打，可是你總是拖拖拉拉，而事實上你已經一拖再拖。如果這時那句「現在就去做」從你的潛意識裡閃到意識裡：「快打呀！請你立刻就去打吧。」或者你把鬧鐘定在早上六點，可是當鬧鐘響起時，你卻覺得睡意正濃，於是乾脆把鬧鈴關掉，倒頭再睡。如果這種情況繼續下去，你將來就會養成習慣。假使你的潛意識把「現在就去做」閃到意識裡，你就不得不立刻爬起來不睡了。為什麼？因為你要養成「現在就去做」的習慣呀！

魏爾士先生就因為學到做事的竅門，而成為一個多產作家。他絕不讓靈感白白溜走，想到一個新意念時，他立刻記下。這種事有時候會在半夜裡發生，沒關係。魏爾士立刻開燈，拿起放在床邊的紙筆飛快地記下來，然後繼續睡覺。

所以要記住：「現在」就是行動的時候。行動可以改變一個人的態度，使他由消極轉為積極，使原先可能糟糕透頂的一天變成愉快的一天。

卓根・朱達是哥本哈根大學的學生，他就是這樣做的。有一年暑假他去當導遊。因為他總是高高興興地做了許多額外的服務，因此幾個芝加哥來的遊客就邀請他去美國觀光，旅行路線包括在前往芝加哥的途中到華盛頓特區做一天的遊覽。

卓根抵達華盛頓以後就住進「威樂飯店」，他在那裡的帳單已經預付過了。他這時真是樂不可支，外套口袋裡放著飛往芝加哥的機票，褲袋裡則裝著護照和錢。

可是，當他準備就寢時卻發現皮夾不翼而飛。他立刻跑到櫃檯那裡。

「我們會儘量想辦法。」經理說。

第二天早上仍然找不到，卓根的零用錢連兩塊錢都不到。自己孤零零一個人待在異國他鄉，應該怎麼辦呢？打電報給芝加哥的朋友向他們求援？還是到丹麥大使館去報告遺失護照？還是坐在警察局裡乾等？他突然對自己說：「不行，這些事我一件也不能做。我要好好看看華盛頓。說不定我以後沒有機會再來，但是現在仍有寶貴的一天待在這個國家裡。好在今天晚上還有機票到芝加哥去，一定有時間解決護照和錢的問題。我跟以前的我還是同一個人。那時我很快樂，現在也應該快樂呀。我不能白白浪費時間，現在正是享受的好時候。」於是他立刻動身，徒步參觀了白宮和國會山莊，並且參觀了幾座大博物館，還爬到華盛頓紀念館的頂端。他去不成原先想去的阿靈頓和許多別的地方，但他看過的，他都看得更仔細。他用剩下的錢買了花生和糖果，一點一點地吃以免挨餓。

等他回到丹麥以後，這趟美國之旅最使他懷念的卻是在華盛頓漫步的那一天——如果他沒有運用做事的秘訣就會白白溜走的那一天。「現在」就是最好的時候，他知道在「現在」還沒有變成「昨天我本來可以……」之前就把它抓住。

這裡順便把他的故事說完吧，就在多事的那一天過了五天之後，華盛頓警方找到他的皮夾和護照，並且送還給他。

總之，如果下定決心立刻去做，往往會激發潛能，往往會使你最熱望的夢想也實現。

孟列・史威濟正是如此。

史威濟非常喜歡打獵和釣魚，他最喜歡的生活是帶著釣魚竿和獵槍步行五十里到森林裡，過幾天再回來，雖然筋疲力盡滿身污泥，卻快樂無比。

這個嗜好唯一不便的是，他是個保險推銷員，打獵釣魚太花時間。有一天，當他依依不捨地離開心愛的鱸魚湖準備打道回府時，突發異想。在這荒山野地裡會不會也有居民需要保險？那他不就可以工作時到戶外逍遙了嗎？結果他發現果真有這種人：他們是阿拉斯加鐵路公司的員工，散居在沿線五百里各段路軌的附近。他可不可以沿鐵路向這些鐵路工作人員、獵人和淘金者拉保險呢？史威濟在想到這個主意的當天就開始積極計畫。他向一個旅行社打聽清楚以後，就開始整理行裝。他沒有停下來讓恐懼乘虛而入，自己嚇自己，以後會使自己認為這個主意變得很荒唐，以為它可能失敗。他也不左思右想找藉口，他只是搭上船直接前往阿拉斯加的「西湖」。

史威濟沿著鐵路走了好幾趟，那裡的人都叫他「步行的史威濟」，他成為那些與世隔絕的家庭最歡迎的人。同時他也代表了外面的世界。不但如此，他還學會了理髮，替當地人免費服務。他還無師自通地學會了烹飪。由於那些單身漢吃厭了罐頭食品和醃肉之類，他的手藝當然使他變成最受歡迎的貴客。而與此同時，他也正在做一件自己想做的事：徜徉於山野之間、打獵、釣魚，並且——像他所說的——「過史威濟的生活」。

在人壽保險事業裡，對於一年賣出一百萬元以上的人設有光榮的特別頭銜，叫作「百萬圓桌」。在孟列．史威濟的故事中，最不平常而使人驚訝的是：在他把突發的一念付諸實行以後，在動身前往阿拉斯加的荒原以後，在沿線走過沒人願意前來的鐵路以後，他一年之內就做成了百萬元的生意，因而贏得「圓桌」上的一席地位。假使他在突發奇想時，對於做事的秘訣有半點遲疑，這一切都不可能發生。

「現在就去做」可以影響你生活中的每一部分，它可以幫助你去做該做而不喜歡做的事；在遭遇令人厭煩的職責時，它可以教你不推拖延宕。

所以一旦你堅定了信念，接下來就趕緊行動起來。這會使你前行的車輪運轉起來，並創造你所需要的必要動力。一位演講家曾經說過，說空話只能導致你一事無成，要養成行動大於言論的習慣，那麼即使是再艱難、再巨大的目標也是能夠實現的。

安東尼．羅賓的潛能激發學

安東尼．羅賓說：「任何談論都是沒有用的，只有去做才有用。」無論任何目標，如果不去落實，永遠只能是空想。成功在於意念，更在於行動。制定目標是為了達到目標，目標制定好之後，就要付諸行動去實現它。如果不化目標為行動，那麼所制定的目標就成了毫無意義的東西。所以請你記牢這句話：「現在就去做！」

詳細計畫讓你離成功更近一步

安東尼・羅賓曾說的必成功方程式的一條就是要有詳細的計畫。的確，目標明確了，接下來就是要有完善、詳細的計畫。目標再明確，如沒有詳細的計畫去執行，那叫幻想，所以說沒有計畫的目標等於沒有目標，計畫不詳細就等於沒有計畫。

比如說一個業務經理或者說是一個經銷商，他整個團隊的月目標是三百萬，那詳細的計畫就是一天要十萬的業績，然後這一天的業績再分成哪一部分人去達成，然後他們再去成交多少位顧客等等，這樣的計畫越詳細，目標就容易達成。如果沒有這些詳細的計畫，那三百萬的業績只是空想。

羅丹是著名的雕塑家，有許多人問羅丹，說羅丹是個天才，而羅丹卻說：「天才？絕對沒有那種東西，有的只是用功、方法和不斷的計畫。」由此可見，詳細、完善的計畫是多麼的重要。

而且一所著名研究機構做過一項關於計畫的調查研究，結果表明：制訂計畫將極大地提高目標實現的成功機率。制訂計畫的人的成功機率是從來不制訂計畫的人的三點五倍！在成功實現目標的人群中，事先沒有制訂計畫的人僅為百分之二十二，而事先制訂計畫者竟高達百分之七十八！

喬・吉拉德有美國「銷售之王」的美稱。在剛剛接觸推銷行業的時候，喬・吉拉德就發現自己的組織能力很差。他一個星期就打出了二百多個電話，平均每日四十個。數量一多，工作就雜亂起來。他希望找到一個辦法使他的工作井然有序，但一直沒有成功。後來他認識到，要提高工作效率就如那句俗語——磨刀不誤砍柴工。必須花足夠多的時間功夫去磨刀。

吉拉德很快認識到自己的磨刀工作就是做計畫。他把所打的電話記在卡片上，這樣的話，每日有四、五十張卡片。接下來，根據卡片的內容安排下次的話題，要寫的信，再排出日程表，列出週一到週五的工作順序，這其中包括每天要做的事。當然，這樣做的話又瑣碎又枯燥，往往要花去四、五個小時，半天時間就沒了。因此剛開始時，他總是做到一半就想放棄。但是堅持一段時間後，他就嘗到了甜頭，時間長了，成效就顯著了。

自此以後，吉拉德不再急著打電話，而是抽出一上午的時間做好計畫工作，接下來就是精神飽滿、激情飛揚、信心十足地會見客戶。他必須見到他們，因為他準備了一週，一直都在想該與他們說些什麼，要為他們提供哪些建議。因為準備充分，狀態良好，他對會談也充滿信心，並相信下週做得更好。

後來，事實也證明瞭吉拉德的磨刀功夫極為成功，現在的他，不可同日而語。要確保成功，就必須制訂計畫。事實證明，拿出足夠的時間來做細緻的計畫，效果驚人。商界大亨亨利・杜哈蒂很早就說過：「我只做一件事，思考和安排工作的輕重緩急，其餘的完全可以雇人來做。」其實很多人之所以失敗，很重要的一個原因就是因為沒有花足夠的時間去思考計畫。

愛德華畢業於一所知名大學。他熱衷於推銷員的事業，對自己的實力也很有把握，但他雄心勃勃地做了兩年推銷，業績卻不見起色，於是他就來到吉拉德那裡請教。首先，他詢問道：「先生，您看，我適合做推銷嗎？」

吉拉德說：「年輕人，你完全適合。」

他表示懷疑，說道：「您是怎麼知道的呢？」

吉拉德解釋說：「其實任何人都可以做推銷，但很多人總是自己在束縛自己。」聽到這話後，愛德華一臉無辜地說：「我很賣力啊，每天忙忙碌碌，連給自己買條領帶也顧不上。」

吉拉德一下子就明白了，他是個生活沒有計畫，一味蠻幹的人。於是說道：「佛蘭克林說過：『一些人始終生活在古老的年代。』因此我把錶撥快一個半小時。你可以利用這點時間讀讀書，想一想當天的工作。當然了，利用那點時間多睡一會兒，也是挺美的。完全看你怎麼選擇。」

愛德華回去後，參考吉拉德的辦法買了鬧鐘，並認真計畫了自己的工作。幾年後，他出任東部一家大公司的銷售經理。

從某種意義上來說，成功是一門計畫的藝術。你需要時時刻刻看清自己的條件和特色，給自己做一個認真的計畫，找到自己可以輕鬆前行的那條路。只有這樣，你才不會徒勞無功。

當我們把一個宏偉的目標分成一個一個小的計畫去完成時，我們會發現看似不可能的事情似乎簡單了許多。要移走一座山似乎不可能，但如果把山看成一小堆一小堆的土石堆積起來的大土堆，那麼，移山也不再是天方夜譚。

如果你看過《蕭申克的救贖》的話，你一定會對主人公實現目標的勇氣和堅忍不拔的精神所打動。在影片中，年輕的銀行家因被錯判謀殺自己的妻子罪名，被送往美國的蕭申克監獄終身監禁。他外表看似懦弱，但內心堅定，從進監獄的那天開始就堅信自己一定會離開這裡。

蕭申克監獄是當時最黑暗的監獄，罪犯到了這裡，就意味著遠離人道，遠離公平。獄警對囚犯亂施刑罰，甚至將囚犯活活打死！典獄長利用罪犯來做苦役，自己從中撈取暴利。面對這樣惡劣的環境，他沒有自甘墮落，他辦監獄圖書室，為囚犯播放美妙的音樂，還利用自己的知識幫助大家打點自己的財務。典獄長很快發現了他的特長，並且強制他幫助自己清洗黑錢做假賬。就是在這樣的黑暗生活裡，他也從未放棄過對自由、對美好生活的追求，他要用自己的實際行動來實現對自己的救贖！最終他通過一步步的行動實現計畫，成功地逃離了監獄，實現了簡直不可能達到的目標！

從上面所說的那部電影中我們應該清楚，目標應該是明確的，計畫應該是詳細的。目標猶如人的眼睛，目標不明確就如同人沒有眼睛；計畫猶如人的手腳，計畫不詳細就如同沒有手腳，剩下的就只有空想。因此，要想成功一定要有明確的目標，這樣你才能有積極性，同時，詳細的計畫也必不可少，這樣你才會受到驅動。

安東尼・羅賓的潛能激發學

有計畫跟沒有計畫是不一樣的。每一個人做計畫都是在計畫成功，每一個人照他的計畫去做，也都會或多或少地取得想要的結果，然而為什麼有那麼多人會失敗呢？答案是，他們根本沒有計畫。沒有計畫，就是在計畫失敗，有計畫，就是在朝成功的目標鋪路。

擁有一顆強烈的上進心

安東尼・羅賓說：「別的你都可以暫時沒有，但是有一點你一定要有——那就是一顆追求你自己成功快樂熊熊燃燒的強烈上進心。」一個人擁有什麼並不重要，重要的是他如何獲得他想要的東西。可以說，你有多大的野心，你就有多大的動力。

同樣，野心在哈佛得到了淋漓盡致的呈現！哈佛畢業生有一個共同的特徵，就是都有著歡躍的心態和野心。「世界最優秀的人才是我們！」「我能成為世界上最大、最好公司的CEO！」這種野心，成為哈佛的珍奇財富，培育了一批又一批政治家、科學家和工商管理精英！可以說，人的潛能是無窮的，野心越大，拼搏精神越大。

野心，培育出許多雄偉的人！出身貧瘠的克林頓，十七歲目擊了美國總統甘迺迪的風采。當總統甘迺迪握住這位阿肯色州小男孩雙手的時刻，他有了一個野心，他要成為美國總統！二十年後，野心變成了現實。

美國《時代》雜誌加拿大版之前刊文提到，美國加利福尼亞大學的心理學家迪安・斯曼特研究發現，「野心」是人類行為的推動力，人類通過擁有「野心」，可以有力量攫取更多的資源。當然，也必須承認，「野心」從某種程度上來講，是一個「零和遊戲」：你多占了資源，別人所擁有的就少了。根據這種說法，大家應該都有「野心」才是。

一位法國的大富翁在瀰留之際寫了一份遺囑：「我曾經是窮人，在以一個富人的身分跨入天堂的門檻之前，我把自己成為富人的秘訣留下，誰若能猜出窮人最缺少的是什麼，他將能得到我留在銀行私人保險箱內的一百萬法郎，這是揭開貧窮之謎的獎金，也是我在天堂給予他的歡呼與掌聲。」

遺囑刊出之後，無數的人寄來了自己的答案。這些答案五花八門，應有盡有。絕大部分的人認為窮人最缺少的是金錢；有一部分人認為窮人最缺少的是機會；有一部分人認為窮人最缺少的是技能；還有的人說窮人最缺少的是幫助和關愛、是漂亮、是名牌衣服、是總統的職位等等。在這位富翁逝世周年紀念日，他的律師和代理人在公證部門的監督下，打開了銀行內的私人保險箱，公開了他致富的秘訣：窮人最缺少的，是成為富人的「野心」！

在所有答案中，只有一個人猜對了，而且是一個年僅九歲的女孩！為什麼只有這位九歲的女孩想到窮人最缺少的是野心？她在接受一百萬法郎的頒獎之日說：「每次，我姐姐把她的男朋友帶回家時，總是警告我說不要有野心！不要有野心！然而我卻想，也許正是野心才可以讓人得到自己想得到的東西。」

如果你所設定的目標是一隻鷹，那你可能只射到一隻小鳥，但如果你的目標是月亮，那你可能就射到了一隻鷹。某些人之所以沒有獲得成功，大多數是因為他們有一種無可救藥的缺點，即缺乏野心。一個人的思想如果達到了「野心」程度，他自己就會瘋狂地尋找辦法克服困難，以實現心中的夢想。擁有野心的人不怕困難，也不怕挫折，能夠百折不回勇往直前，不達目的誓不甘休！想想看，如果一個人有了成功的野心，你不讓他成功都難。

所以，既然如此，總要去搏一搏，不去闖，怎麼知道結果呢。不想當將軍的士兵不是好士兵，人還是要有野心的好！短短幾十個春秋，一眨眼就過半了。如果想改變現狀，如果不想自己的人生都是空白，就拿起你足夠的野心吧！

但是，我們還必須掌握好「野心」的程度。在對待「野心」這個問題上，如何做到既促成成功又不傷害別人的利益和自身健康？那就是保持適度。美國科學家曾經進行過一項有趣的實驗，證實太大的野心妨礙成績的結果。實驗是依不同的動機將被實驗者分為三組，各組按照要求解決相同的問題。

第一組，只要自己解決，完成問題就沒事。這項指標引發不起任何野心。

第二組，答對了就有一百元獎金。這項宣佈使野心開始蠢蠢欲動。

第三組，為了刷新解答所需時間的紀錄，越快答完越好，除此之外還有二千元獎金。這無疑激發出了強烈的野心。

實驗結果表明，野心不大不小者的成績最好。伴隨強大野心的精神過度興奮，產生對完成能力的反作用。所以，在對待「野心」這個問題上，我們要保持適度。為了做好事業，我們一定要懷有「野心」，對於未來要抱有良好的願景，只要可能，都不妨嘗試，這樣才能更好地發展自己。但如果這種「野心」是以挖別人牆角為前提，或者通過損人才能利己，那就要把這種「野心」放在道德和法律的規定範圍內，懂得控制自己。總之，「野心」沒有止境，所以要懂得將它調整在一個合適的限度之內，讓它充分發揮對人的激勵作用而不傷害人。

安東尼・羅賓的潛能激發學

很多時候，一個人潛意識裡面的需要，都可以折射出他內心的渴望。而往往這種渴望就是成功的先兆。你想成功嗎？你想擁有巨額財富嗎？你有多大的野心，就有多大的動力！所以，為了做出成績，我們必須懷有「野心」。

Chapter

FOUR

班傑明．佛蘭克林的道德修養課

班傑明．佛蘭克林是十八世紀美國的實業家、社會活動家、思想家和外交家，是美國歷史上第一位享有國際聲譽的科學家和發明家，是一位優秀的政治家，美國獨立戰爭的老戰士。他一生最真實的寫照是他自己所說過的一句話：「誠實和勤勉，應該成為你永久的伴侶。」佛蘭克林認為道德修養是每個人立於不敗之地的力量泉源，所以，他提出了一些道德準則。下面我們就一起瞭解一下。

讓美德成為自己的生活習慣

佛蘭克林在年輕時就發明了一種方法，他首先列出獲得成功必不可少的十三個條件：節制、沉默、秩序、果斷、節儉、勤奮、誠懇、公正、中庸、清潔、平靜、純潔和謙遜。然後，佛蘭克林決心獲得這十三種美德並養成習慣；為此，他設計了一個成功記錄表，每一項美德列在一頁，畫好格子，每天晚上反省時若發現有當天未達到的方面，就用筆作個記號。把這些美德化為習慣，使佛蘭克林走向了成功。

一位哲學家帶著他的一群學生去漫遊世界，十年間，他們遊歷了所有的國家，拜訪了所有有學問的人，現在大家回來了，個個都滿腹經綸。在進城之前，哲學家在郊外的一片草地上坐了下來，對他的學生說：「十年遊歷，你們都已是飽學之士，現在學業就要結束了，我們上最後一課吧？」

弟子們圍著哲學家坐了下來。哲學家問，現在我們坐在什麼地方？弟子們答，現在我們坐在曠野裡。哲學家又問，曠野裡長著什麼？弟子們說，曠野裡長滿雜草。

哲學家說，對，曠野裡長滿雜草。現在我想知道的是如何除掉這些雜草。弟子們非常驚訝，他們都沒有想到，一直在探討人生奧妙的哲學家，最後一課問的竟是這麼簡單的一個問題。

一個弟子首先開口說：「老師，只要鏟子就夠了。」哲學家點點頭。

一個弟子接著說：「用火燒也是很好的一種辦法。」哲學家微笑了一下，示意下一位。

第三個弟子說：「撒上石灰就會除掉所有的雜草。」

接著講的是第四個弟子，他說：「斬草除根，只要把根挖出來就行了。」

等弟子們講完了，哲學家站了起來，說：「課就上到這裡了，你們回去後按照各自的方法除去一片雜草，沒除掉的，一年後再來相聚。」

一年後，弟子們都來了，不過原來相聚的地方已不再是雜草叢生，它變成了一片長滿穀子的莊稼地。弟子們圍著莊稼地坐下，等待哲學家的到來，可是哲學家始終沒有來。

幾十年後，哲學家去世，弟子們在整理他的言論時，私自在書的最後補了一章：要想除掉曠野的雜草，方法只有一種，那就是在上面種上莊稼；同樣，要想讓靈魂無紛擾，唯一的方法就是用美德去佔據它。

美德是無形的，卻比有形的東西更沉甸甸，就像空氣無形，但卻不能缺少。美德只是一個廣義的概念，品德、自制、誠信、仁愛、寬容……都是它的元素。每個人做事，根本上是做人。做生意講誠信，做學問要勤奮；做官者當以「敬事而信，節用愛人」；為民者求以「寬則得眾，信則人任」……

班傑明・佛蘭克林之所以能成為智慧和財富的象徵，就是因為他從古今中外成功人士的經歷中找出了成功的秘訣。經過研究，他發現這些成功人士成功的層面不同，但他們都有完善的人格。完善的人格包括很多種美德，從此佛蘭克林就開始自我訓練，使美德變成了自己的習慣，以至影響了他一生，使他最終成為美國智慧和財富的化身。

總之，把美德變為習慣的人一定能成為一個成功的人，正如俗話說：做事先做人。如果連人都沒做好，那又怎能成為一個成功的人呢？

班傑明・佛蘭克林的道德修養課

在人生的旅途中，到處都充滿誘惑，到處都充滿荊棘，要想在這旅途中能夠抵擋住誘惑，跨過荊棘，就讓美德成為你的生活習慣吧！堅定自己的信念，讓樂於奉獻、溫厚寬容、誠實可信的美德來充實你的內心吧！

遠離欺騙，做一個誠實的人

班傑明・佛蘭克林一生最真實的寫照是他自己所說過的一句話：「誠實和勤勉，應該成為你永久的伴侶。」而且，在他的十三條道德修養中，他把誠實的品質列在其中。誠實就是要做到力戒虛偽欺詐，心存良知與公平，說話亦如此。同樣，古語也說：「勝者永遠不會欺騙，騙子永遠不會獲勝。」走道德「捷徑」的人總有一天會露出馬腳。

對很多人來說，做欺騙別人的事情會讓良心受到譴責，並且不光彩的行為總要付出代價。真正的贏家從來不依靠秘密通道或者「捷徑」獲勝。他們的勝利之道很老套——聰明的大腦、勤懇的工作，以及誠實的品格。無論是對待誰，一定要做到胸懷坦蕩、光明磊落。

有一個軍隊訓練營舉辦賽跑。長官非常重視這次比賽，他們決定從中挑選幾個人去執行一項艱巨的任務，為此賽跑選一條可以考驗人的路線。

槍聲一響，大家都奮力往前衝。漸漸地，有人開始感到疲憊，不像之前那麼精力十足了，賽跑還在繼續著。有一個人叫卡爾的士兵，他身材瘦小，已經多次感到體力不支，眼看著自己越來越落後了；同時他還發現，越往後路線越複雜，到後來他已經是在挪著腿往前走了。

但是，卡爾心中始終充滿一個信念，那就是：不論第幾名，哪怕是最後一名跑到終點，我也要完成這次比賽。就在卡爾感到馬上要支撐不住的時候，他的面前出現了一個岔路口，旁邊豎立著兩個指示牌，分別標出兩條道路：一條是軍官跑道，一條是士兵跑道。按照以往的經驗，卡爾知道通常軍官跑道要比士兵跑道更平坦，更容易到達終點。雖然心中有一些不平，但卡爾依然朝著士兵跑道的方向繼續跑去。

很多看到指示牌的士兵，都選擇了軍官跑道這條「捷徑」。只有卡爾和少數人往士兵跑道跑去。可奇怪的是，進入士兵跑道後，卡爾感到腳下的路似乎平坦了許多，跑起來也更輕鬆。更令人驚奇的是，卡爾沒跑出多遠，居然在通過一個黑暗的隧道之後就看到了前方飄揚的彩旗，還有設在終點處的主席臺——他已經跑完了整個路程。

當卡爾到達終點時，長官麥克遜將軍親自過來與他握手，並且祝賀他跑出了前十名的好成績。卡爾感到不可思議，過去他甚至連前五十名也沒有取得過。他問起麥克遜將軍那些選擇軍官跑道的士兵都在哪裡，麥克遜將軍告訴他：「他們還在路途中，不知道天黑之前能不能到達。」

原來，當初設置指示牌的目的，並不是要讓軍官和士兵分開賽跑，因為這次越野賽根本就沒有一名軍官參加，之所以要這樣設置，完全是為了考驗士兵們的誠實度。結果，卡爾以其絕對的誠實贏得了比賽，同時也獲得了執行那一項艱巨任務的機會。

卡爾的例子告訴我們，如果對生活表現出的態度越是真誠，生活給你帶來的快樂和成功也就越多。不欺騙生活的人，生活終會優待他。一個人不欺騙，說話誠實，做事誠實，內心真誠，就會令人信服，所以說，誠實可以消除隔閡，化解矛盾，促進人際關係的和諧團結。至誠之心有巨大的精神力量，誠實的品德會受到人們的讚美。

一九二二年六月的一天，美國印第安那州的洛威爾・愛立特在他的農場裡幹活，忽然發現了一個裝有五十萬美元的箱子。這是一個劫機者在搶得這筆錢後，在印第安那州跳傘時把這個箱子掉到地上，正好落在愛立特的農場。愛立特面對這筆天上掉下來的意外之財沒有動心，毫不猶豫地把它交給了警局。

據權威資料記載，這是一個迄今為止「拾到現金數額最大，而且把它如數交給失主」的記錄。其實，在我們的現實生活中，誠實的事例很多很多。誠實的品德會帶給人們好運。

一九三六年，美國喬治亞州州長尤金・塔木訪問該州逃犯監獄。他在監獄管理人員的陪同下，穿過牢獄走廊時，詢問了每個犯人：「你有罪嗎？」他所聽見的只是犯人們的斷然回答：「我沒有罪。」但州長走近哈威和史密斯的牢房時，這兩個犯人卻毫不猶豫地承認自己有罪，應該受到懲罰。接下來的事情是這樣的：哈威和史密斯持槍搶劫，本該判一百五十年徒刑，卻因一句坦白有罪的話得到州長的赦免。州長事後解釋了他這麼做的原因：「一顆誠實的心，永遠不該與一群謊言家在一起。」

誠實是人生的最高美德，這種美德的價值無可估量。美國第一任總統喬治・華盛頓曾就誠實的品格談了一番意味深長的話：「我希望擁有堅強和美德，以保持我那誠實的品格，這種品格是最令人羨慕的頭銜。」如果對任何人都能做到誠實，那你的心靈就會是坦蕩的，你的生存環境也是和諧的。

總之，以誠待人才能得到友誼和真情，才能得到別人的信任和尊敬。人際交往如果離開誠實的原則，相互欺騙，爾詐我虞，那麼人世間便不會有真情之誼，更不會有團結緊密的人際關係了。只有誠實的人才會受到尊敬。擁有誠實美德的人，鮮花、掌聲、幸福與快樂將會時時伴他左右。

班傑明・佛蘭克林的道德修養課

班傑明・佛蘭克林認為，不靠誠實得來的東西是不會有益處的。誠實是卓越人生的美德，誠實的美德為人生搭建了成功的階梯，由平庸變偉大，由普通變高尚，靠的就是人生的誠實美德。其實，不欺騙和誠實不是為了做給誰看的，這僅是人需要培養的一種美德。

謙虛是我們應該重視的品質

佛蘭克林在自傳中說：「我以謙虛的態度表達自己的意見，不但容易被人接受，衝突也減少了。」正如孔老夫子所說的：「三人行必有我師。」可以說，謙虛的確是成功者必備的品質之一。

法國化學家安德列當選為英國皇家學會會員，歐文斯學院專門為他設立了有機化學的新教授職位，格拉斯大學選他為名譽博士，這許多榮譽絲毫沒有改變他的謙虛為人。安德列逝世後，恩格斯在悼文中稱他是「世界上最謙虛的人」。

牛頓說：「我不知道世人是怎樣看我，我自己只覺得好像是一個在海邊玩耍的孩子，偶爾拾到了幾個光亮的貝殼。但真理的汪洋大海在我眼前還未被認識、被發現呢。如果說我比笛卡爾看得遠些，那是因為我站在巨人們肩膀上的緣故。」

古希臘的著名哲學家蘇格拉底，不但才華橫溢著作等身，而且廣招門生，獎掖後進，運用著名的啟發談話啟迪青年智慧。每當人們讚歎他的學識淵博、智慧超群的時候，他總謙遜地說：「我唯一知道的就是我自己的無知。」

揚名於世的音樂大師貝多芬，謙虛地說自己「只學會了幾個音符」。滿招損，謙受益。道理不需要多講，看看這些人這些事就知道了。這些人被我們銘記並且尊重，不僅僅是因為他們在各行各業作出的貢獻，更因為他們虛懷若谷的品質。

愛因斯坦是二十世紀世界上最偉大的科學家之一，他的相對論以及他在物理學界的其他方面研究成果，留給我們的是一筆取之不盡、用之不竭的財富。然而，就是像他這樣還是在有生之年中不斷地在學習、研究，活到老，學到老。

有人問愛因斯坦：「您老可謂是物理學界的空前絕後了，何必還要孜孜不倦地學習呢？何不舒舒服服地休息呢？」愛因斯坦並沒有立即回答他這個問題，而是找來一支筆、一張紙，在紙上畫上一個大圓和一個小圓，說：「在目前情況下，在物理學這個領域裡可能是我比你懂得略多一些。正如你所知的是這個小圓，我所知的是這個大圓，然而整個物理學知識是無邊無際的。對於小圓，它的周長小，即與未知領域的接觸面小，他感受到自己的未知少；而大圓與外界接觸的這一周長大，所以更感到自己的未知東西多，會更加努力地去探索。」

縱觀歷史，這些偉大的科學家、文學家、音樂家，即便他們有驕傲的資本，也依然保持謙虛的美德。

這是美國一所著名大學期終考試的最後一天。在教學樓的臺階上，一群工程學四年級的學生擠做一團，正在討論幾分鐘後就要開始的考試，這是他們參加畢業典禮和工作之前的最後一次測驗，他們的臉上充滿了自信與驕傲。

一些人在談論他們現在已經找到的工作；另一些人則談論他們將會得到的工作。帶著經過四年的大學學習所獲得的自信，他們感覺自己已經準備好了，並且能夠有所作為。

他們知道，這場即將到來的測驗將會很快結束，因為教授說過，他們可以帶他們想帶的任何書或筆記。要求只有一個，就是他們不能在測驗的時候交頭接耳。

他們興高采烈地走進教室。教授把試卷分發下去。當學生們注意到只有五道評論類型的問題時，臉上的笑容更加生動了。

三個小時過去了，教授開始收試卷。學生們看起來不再自信了，他們的臉上是一種沮喪的表情，沒有一個人說話。教授手裡拿著試卷，面對著整個班級。

他看著眼前那一張張焦急的面孔，然後問道：「完成五道題目的有多少人？」沒有一隻手舉起來。「完成四道題的有多少？」仍然沒有人舉手。「三道題？」學生們開始有些不安，在座位上扭來扭去。「那一道題呢？」

但是整個教室仍然很沉默。

「這正是我期望得到的結果。」教授說，「我只想給你們留下一個深刻的印象，即使你們已經完成了四年的工程學習，但關於這項科目仍然有很多的東西你們還不知道。這些你們不能回答的問題，是與每天的普通生活實踐相聯繫的。」然後他微笑著補充道：「你們都會通過這個課程，但是請記住——即使你們現在已是大學畢業生了，你們的學習仍然還只是剛剛開始。」

如果我們想獲得成功，就要做一個謙虛的人。著名學者笛卡爾也說：「愈學習，愈發現自己的不足。」只有通過學習，不斷擴大知識領域，擴充知識面，儲蓄更多的資訊，你才能真正領悟到「知也無涯」的深刻含義。這樣你既不會妄自菲薄，也不會妄自尊大，做到謙遜成熟，不斷進取，成功便不招自來。

由此看來，謙虛其實更多的是一種人生的自省。一個人越是知識淵博、才華出眾、成就非凡，他的眼界往往越高，對世界無限、人生有限的認識越深刻，他想做的事與能做的事之間的衝突越尖銳，也越能感到自己做的那點事微不足道。因此，在人們看來已經是非常謙虛的行為，在當事者看來，他自己不過是說了真話。

所以，生而為人，還是謙虛一些，謹慎一些，多一些自知之明為好。人們常說「天不言自高，地不言自厚」，自己有沒有本事，本事有多大，別人都能看得一清二楚。看看那些成績卓著，為人類社會做出過重大貢獻的科學家們，看看那些功力深厚、飲譽世界的藝術大師們，他們當中有幾個人因為自己具有足夠的資本就妄自尊大了呢？相反，他們倒是非常謙虛且又有自知之明。他們尚且如此，我們這些凡夫俗子以為有點小本事的人不更應該謙虛一些、穩重一些嗎？

班傑明・佛蘭克林的道德修養課

一個謙遜的人，如果將自己身上一切值得讚揚的東西都看做是應該的、理所當然的，那麼它就會將紀律當做真正的自由，並且為之努力奮鬥。做一個謙遜的人吧，這會讓你成為一個成功的人。

敞開心扉，包容身邊的人和事

班傑明．佛蘭克林說：「不走極端，別人對你的冒犯，若是正當，就要善於忍受。」的確，寬容待人是一種美德，是一種思想修養，也是人生的真諦，你能容人，別人才能容你，這是生活的辯證法則。佛蘭克林還說：「對於所受的傷害，寬容比復仇更高尚。因為寬容所產生的心理震動，比責備所產生的心理震動要強大得多。」假如別人傷害了自己，千萬不要只會怨恨，關鍵是要學會寬容，並避免被別人再次傷害。如果能夠原諒傷害自己的人，不但自己可以及時釋放心理垃圾，而且別人也能夠因此保持美好心情。原諒別人的傷害不僅是解放了他人，更是釋放了自己。所以，我們應該學會原諒曾經傷害我們的人。

有兩個失落的少年到加州的一個林場裡玩，惡作劇地點燃了那片叢林。他們想像著消防員警們滅火時的慌亂和焦灼，得意萬分。但他們萬萬沒有想到，因為他們的惡作劇，一名消防員警在撲救火災的時候不幸犧牲了。

犧牲的員警才二十二歲。是在他全力以赴地履行自己的職責時，被濃煙熏倒後燒死在叢林裡頭的。更讓人傷痛的是，他早年就沒有了父親，是母親獨自將他撫養長大的。成長的過程充滿艱辛，他很愛他的母親，並時常表示成人後一定會好好回報她。而這正是他參加工作後的第一週，連第一次薪水都沒領到就……

在查明這是一起蓄意縱火案後，整座城市的人們頓時憤怒了，市長表示一定要將罪犯抓捕歸案，讓他們接受嚴厲的懲罰。員警開始四處追捕，那兩名被列入嫌疑人的少年照片也開始出現在各個角落。而這一切這兩個少年最初都沒有想像到，聽著來自四面八方的憤怒聲，他們陷入深深的悔恨、無奈和恐慌之中。

除了這兩個少年，媒體的目光更多地投放到那位員警的單身母親身上。但是當她說出第一句話時，所有人都震驚了。她是這樣說的：「我很傷心地看到我的兒子離開了我，但是我現在只想對製造災難的兩個孩子說幾句話——你們現在一定活得很糟糕，很可能生不如死。作為這個世界上最有資格譴責你們的我，我想說，請你們回家吧，家裡還有等待你們的父母。只要你們這樣做了，我會和上帝一道寬容你們……」

那一刻，所有的人都落淚了，被這位偉大的母親感動了。人們沒有想到這位剛剛失去兒子的母親居然會說出這樣的話，他們沒有等到這位母親的哀傷或是憤怒，最後竟然還是寬恕。更讓人們沒有想到的是這位母親發表講話後的一個小時，在鄰城一個小鎮的一家旅館裡，兩名少年投案自首了。

兩名少年告訴員警就在那天下午，他們因為承受不了這巨大的社會壓力而購買了大量安眠藥，準備一道離開這個世界。但就在這時，他們從電視裡聽到了那位母親的聲音。他們頓時淚如雨下，撥通了警察局的電話……

如今這兩名魯莽的少年已為人父，他們時常領著自己的孩子去看望那位可敬的母親，她已經是他們心靈上的另一位母親。一個悲劇故事就這樣以溫馨的結局收尾了，而誰都可以想像，如果這個母親當時說出的是另一番話語，這兩條鮮活的生命就將從此逝去，母親也就永遠陷入了孤寂之中。

所以說，原諒那些曾經傷害你的人，用寬恕能化解人與人之間的怨恨和矛盾，也能讓自己收穫一份恬淡、安靜的心態。

傍晚，在一個規模不大的速食廳裡，總共有兩個食客：一個老人，一個年輕人。或許是因為食客不多的緣故，餐廳裡的照明燈沒有完全打開，所以顯得有些昏暗。年輕人手捧一碗炸醬麵，坐在靠近門口的位置，與老人相鄰。

可是，年輕人的注意力似乎不在麵上，因為他眼睛的餘光一刻都未曾離開過老人在桌邊的手機。果然，當那個老人再次側身點煙的時候，年輕人的手快速而敏捷地伸向手機，並最終裝進他上衣的口袋裡，試圖離開。

老人轉過身來，很快發現手機不見了。他的身體微微顫抖了一下，然後立即平定下來，環顧四周。

這時候年輕人已經在伸手開門，老人也似乎明白了什麼，他馬上站立起來走向門口的年輕人。老人卻說：「小夥子，你等一下。」

年輕人一愣：「怎麼了？」

「是這樣，昨天是我七十歲的生日，我女兒送給我一支手機，雖然我不喜歡它，可那畢竟是女兒的一番孝心。我剛才就把它放在了桌子上，可是現在它卻不見了，我想它肯定是被我不小心碰到了地面上。我的眼睛老花得厲害，再說彎腰對我來說也不是件太容易的事，能不能麻煩你幫我找一下？」

年輕人剛才緊張的表情消失了，他擦了一把額頭上的汗，對老人說：「哦，您別著急，我來幫您找找看。」

年輕人彎下腰去，沿著老人的桌子轉了一圈，再轉了一圈，然後把手機遞過來：「老人家，您看，是不是這個？」

老人緊緊握住年輕人的手，激動地說：「謝謝！謝謝你！真是不錯的小夥子，你可以走了。」

看到這一幕的服務員對老人說：「您本來已經確定手機就是他偷的，卻為什麼不報警？」老人的回答意味深長，他說：「雖然報警同樣能夠找回手機，但是我在找回手機的同時，也將失去一種比手機要寶貴千倍萬倍的東西，就是——寬容。」

所以，請學會寬容，原諒那些傷害過我們的人，給自己的生命留下一點空隙，就像兩車之間的安全距離；一點緩行的餘地，可以隨時調整自己，進退有序。寬恕他人就能讓自己的身上創造出生命的力量、光芒，既能照亮他人，也能點亮自己。

班傑明・佛蘭克林的道德修養課

班傑明・佛蘭克林說：「寬容中包含著人生的大道至理，沒有寬容的生活，如在刀鋒上行走。孩子，如果美德可以選擇，請先把寬容挑選出來吧！」所以，你如果對人多些寬容，多些諒解，少些計較，懂得了寬容，也就懂得了幸福！人人懷有一顆寬容的心，世界將變得更加美好！

學會自制，不放縱自己

班傑明・佛蘭克林所說的十三條道德修養中有一條「自制」，也就是要做到自我克制，不放縱自己。強調自我約束，立德修身，歷來是古代先賢所推崇的高尚品質。西班牙哲學家巴爾塔薩・格拉西安說：「首先控制你自己然後你才能控制別的人。」詼諧作家傑克森・布朗曾經有過一個有趣的比喻：「缺少了自我管理的才華，就好像穿上溜冰鞋的八爪魚。眼看動作不斷可是卻搞不清楚到底是往前、往後，還是原地打轉。」無法控制自己的人，將永遠無法控制別人。一個人一旦失去了自制，不管是什麼人，都會輕易被擊敗，這也許是一條鐵的定律。

有一位立下了赫赫戰功的美國上將，有一次參加一個朋友孩子的洗禮。孩子的母親請他說幾句話，以作為孩子漫長人生征途中的準則。將軍把自己歷經征戰苦難，以至最後榮獲美國史上崇高地位的教條，歸納成一句極簡短的話：「教他懂得如何自制！」

自制能力在完善一個人的個性方面起著巨大的積極作用。「如果一個人沒有自制能力，那他在工作上的敬業程度就會大打折扣。」一家大企業的人事經理舉了這樣一個例子：我們的上班時間是七點三十，有人七點二十就到了，有人七點三十到，也有人七點四十才到。在平時是看不出這三類人有什麼本質上的區別。但是在關鍵時刻，或許就是因為這遲到十分鐘的習慣而誤了大事。這其實就是每個人的自制能力不同導致的不同結果。

不過，控制自己不是一件非常容易的事情，因為我們每個人心中永遠存在著理智與感情的鬥爭。自我控制、自我約束也就是要一個人按理智判斷行事，克服追求一時感情滿足的本能願望。一個真正具有自我約束能力的人，即使在情緒非常激動時，也是能夠做到這一點的。自我約束表現為一種自我控制的感情。自由並非來自「做自己高興做的事」，或者採取一種不顧一切的態度。如果任憑感情支配自己的行動，那便使自己成為了感情的奴隸。我們每個人都在通過努力做使自己生活更有意義的事，並且在向著未來的目標奮進。

但是，生活在現實的世界中，我們絕不應該採取僅使今天感到愉快的態度，而絲毫不顧及明天可能發生的後果。我們的感情大都容易傾向於獲得暫時的滿足，所以，我們要善於做好自我約束。

一個沒有養成自我約束習慣的人，可能反覆地屈從於一種誘惑而從事一種不該做的事，這種錯誤的後果甚至嚴重到能長期影響一個人的成敗。要具備自我約束的能力，必須不斷地分析自己的行動可能帶來的長期後果；同時必須不屈不撓地按照符合自己決心為了長期的最大利益的決定而行動。用了同樣的努力，有人成功了，有人則失敗了。他們可能都知道成功的途徑，但他們之間有一個主要的區別在於：成功者總是約束自己，去做正確的事情；而不成功的人總是容忍自己的感情占上風。

一個人如果沒有養成自我約束的習慣，就可能付出高昂的代價。每一個人必須具有自我約束能力，不讓別人用次要的計畫或無關的事情拉你離開軌道。我們必須有自我的約束能力，保持頭腦不受種種雜念的干擾，不去想還有什麼其他事應當去做以及從各方面不斷轟擊我們頭腦的那些其他的雜念。

對任何職業都一樣，取得成功的結果直接依賴於我們堅持用在一貫緊張的、不間斷的創造性思維上的時間量。也就是說，自我約束、專心致志是通向成功的必經之路。

班傑明・佛蘭克林的道德修養課

我們常聽說「自律自制是一切美德的基石」。人生在世，當我們遇到不可控制和不可改變的環境條件時，我們唯一能做的是控制自己，通過控制自己的思想、行為、情緒和習慣來控制環境、改變環境，進而把握自己的命運。

當機立斷，處事果決

班傑明・佛蘭克林說：「應做之事要決然去做；定做之事就必然做成。」很顯然佛蘭克林希望能養成決斷的品德。而且，他說「決斷」這一習慣一旦養成，就能使自己意志堅定，盡心盡力。

布里丹的驢子肚子餓得咕咕叫，於是牠到處尋找吃的東西。布里丹的驢子真幸運，很快發現左邊和右邊都有一堆草可吃。於是牠到了左邊那堆草邊，可審視一番後覺得沒有右邊那堆草多，所以餓著肚子跑到右邊去吃。到了右邊以後又發現沒有左邊那堆草的顏色青。想想，還是回到左邊去吧。就這樣一會兒考慮數量，一會兒考慮品質，一會兒分析顏色，一會兒分析新鮮度，猶猶豫豫，來來回回。這隻可憐的驢子，最後餓死在途中。

由此看來，猶疑不定是最大的浪費，有時一瞬間的遲疑往往會給我們造成難以挽回的損失。一個成功的人，必然有勝於他人的決斷力，在該做出選擇的時候，他們會迅速地快刀斬亂麻。

在生活中，我們要當機立斷；否則，我們的人生就會失去它應有的光彩。不能當機立斷的人因為喜歡分析問題，想要尋找最完美的答案；但成就自己的事業是通過嘗試與犯錯誤來實現的，只是一味地分析問題，是不會解決什麼的。

在聖皮爾島發生火山爆發大災難的前一天，一艘義大利的船正準備裝貨並開往法國。船長馬里奧・雷伯夫敏銳地觀察到了火山爆發的威脅。於是，他決定停止裝貨，並立即準備離開。但是發貨人堅決不同意，他們威脅說現在貨物只裝了一半，如果他要離開港口，他們就去控告他。

但是，船長馬里奧・雷伯夫的決心絲毫不動搖，儘管他們一再向他保證培雷火山並沒有爆發的跡象。馬里奧・雷伯夫堅定地回答道：「儘管我對培雷火山一無所知，但是如果維蘇威火山像今天早上這座火山的樣子，我必定要離開那不勒斯。現在我一定要離開這裡。我寧可承擔貨物只裝載了一半的責任，也不繼續冒著生命的危險在這裡裝貨。」

二十四小時以後，當發貨人和兩個海關官員正準備逮捕船長馬里奧・雷伯夫的時候，聖皮爾島的大火山爆發了。他們全都死了，而此刻船長和他的船員們正航行在公海上。馬里奧・雷伯夫堅強的意志和當機立斷的行為拯救了他們，並最終贏得了勝利，如果有半點猶豫，他們的後果將不堪設想。

有一些人之所以能夠成功，這與他們鋼鐵般的意志、不可動搖的決心以及當機立斷的氣概是分不開的。在每一個偉大的企業背後，在每一個偉大的機構當中，必定有一個或數個卓越的領導者。這些人有著鋼鐵般的自制力，他領導著企業並嚴謹地管理著。他很少猶豫不決，大多數時候是果斷而明確的。

斯圖爾特曾經創立了一個偉大的商業機構，而在他去世後，由他所建立的組織機構和管理模式逐漸失去了內在的動力，不久便土崩瓦解了。

歷史悠久的紐約銀行，原來只是個名不見經傳的小金融機構。後來，羅伯特・伯納用他大膽而新穎的商業運作方式使它迅速強大起來，不久便上了報紙的頭條。但是在締造它的靈魂人物羅伯特・伯納離開後，紐約銀行不久便失去了它昔日的輝煌。

縱觀歷史，我們不難得出這樣一個結論，那些能夠迅速作出決定的人從來都不怕犯錯誤。不管他犯過多少錯誤，與那些懦夫和猶豫不決的人相比較，他仍然是一個勝者。那些怕犯錯誤而裹足不前的人、那些害怕變化和風險而猶豫彷徨的人、那些站在小溪邊直到別人把他推下去才肯游泳的人，永遠都無法達到勝利的彼岸，永遠都無法摘取勝利的碩果。

如果你有猶豫不決的壞習慣，就應該從現在開始，堅決摒棄它，不要讓它成為你成功路上的絆腳石。有一天，當機立斷已經成了你的一種習慣，這時你就會發現，你已經是個無比自信的人了，成功也就在你眼前了。

如果一個團隊的領導者能夠及時作出決策、轉移戰略方位可以化危為安。那麼在非常時期，領導者英明果斷進行降價，也不失為一項行銷良策。

微軟降價了！雷曼兄弟倒閉引發的金融風暴，讓微軟果斷作出降價決策。眾所周知，微軟一直奉行全球統一的軟體價格，多年來不曾放棄這一理念。所以，在中等消費水準的中國，微軟過高的軟體價格把很多期望用上正版軟體的人拒絕在門外，價格成了微軟在中國銷售的一個瓶頸。

很多人都沒有料想到，在金融危機期間，十多年來一直堅守價格策略的微軟居然降價了。尤其是二〇〇八年十二月，微軟把windows XP的價格從九百六十元人民幣直線降低到三百九十九元人民幣，並且承諾這個降價策略會長期執行。很多人都稱這是個「奇蹟」。其實，在金融危機期間，全球經濟相對低迷，市場緊縮，微軟果斷作出的降價決策不僅減輕了消費者負擔，還為自己贏得競爭市場。這不僅是「當機立斷，轉危為安」，更是當機立斷、化危機為商機的明智之舉。

其實在非常時期，很多事情已經不像常態管理下那麼有秩有序。關鍵時候，必須放棄按部就班的模式，果斷作出決策，否則就會「一著不慎，全盤皆輸」。

縱觀古今中外，凡成功者無一不具「當機立斷，處事果決」的決策思維。而優柔寡斷、猶豫不決的人終會錯失良機，與成功擦肩而過。這些人最終只能是對天長歎「悔不該當初！」

如何當機立斷？要有敏銳發現的目光，要有善斷並且決斷的勇氣和膽識。準確事態發展的命脈，在關鍵時刻果斷做出決策，及時調整經營策略，轉移戰略方向。最聰明的獵人會在冬天來臨時，拿出獵槍，將冬眠的熊作為自己的獵物，在別人停滯時尋求發展。

班傑明・佛蘭克林的道德修養課

在做事情的時候，要帶著強烈的上進心，只有這樣才會在該決斷的時候下定決心做出決斷。在實踐中要勤於思考，只有這樣才會在需要決斷時做出合乎理智的、客觀的決斷。不要為了穩妥而失去闖勁。要提醒自己：到了該下決斷的時候了。

崇尚節儉，不浪費

佛蘭克林成為巨富是一個典型的例子。他先進的管理方法也正是來自他「省一分錢就是掙一分錢」的經營哲學。縱觀佛蘭克林的發展過程，不得不承認佛蘭克林的成功得益於他勤儉節約的好作風。其實，崇尚節儉是每一個人義不容辭的責任。

著名的船商、銀行家斯圖亞特曾經有一句名言：「在經營中，每節約一分錢就會使利潤增加一分，節約與利潤是成正比的。」

斯圖亞特努力提高舊船的操作等級以取得更高的租金，並降低燃油和人員的費用。也許是銀行家出身的緣故，他對於控制成本和費用開支特別重視。他一直堅持不讓他的船長耗費公司一分錢，他也不允許管理技術方面工作的負責人直接向船塢支付修理費用，原因是「他們沒有錢財意識。」

直到他建立了龐大的商業王國，他這種節約的習慣仍然保留著。一位在他身邊服務多年的高級職員曾經說：「在我為他服務的日子裡，他給我的辦事指示都用手寫的條子傳達。他用來寫這些條子的白紙，都是紙質粗劣的信紙，而且寫成一張一行的細長條子，他會把寫的字撕成一張長條子送出，這樣的話，一張信紙大小的白紙也可以寫三、四張『最高指示』。」

一張只用了五分之一的白紙，不應把其餘部分浪費掉，這就是他「能省則省」的原則。可見無論生意做得多大，要想取得更多的利潤，節約每一分錢，實行最低成本原則仍然是非常必要的。

被當時的人稱為「連鎖商店大王」的克里奇，也是以崇尚節儉著稱。他的商店遍及全美五十個州和國外的很多地方，他的資產數以億計，但他的午餐從來都是一美元左右。

克德石油公司老闆波爾・克德有一天去參觀一個展覽，在購票處看到一塊牌子寫著：「五時以後入場半價收費。」克德一看手錶是四時四十分，於是他在入口處等了二十分鐘，然後購買了一張半價票入場，節省下了零點二五美元。克德公司每年收入上億美元，他之所以要節省零點二五美元，完全是受他節儉的習慣和精神所支配。由此可見，克里奇之所以能夠致富，得益於他節儉的思想。

儉樸是一種人生態度，是一種生活理念，它的內涵裡更多體現的是一種崇高的思想境界與深厚的人生修養。儉樸的人，不一定小氣，大多有種俠骨仁心，在他人需要幫助時毫不吝嗇慷慨解囊；儉樸的人大多務實，不搞奢華的表面文章，不愛慕虛榮，不做塘中的蘆葦根淺身輕；儉樸的人，是不乏胸懷偉略的帥才。

石油大王約翰・洛克菲勒為美國十九世紀的三大富翁之一。洛克菲勒剛開始步入商界之時，經營步履維艱，他朝思暮想發財卻苦於無方。

有一天晚上，他從報紙上看到一則廣告，是推銷一種發財秘訣的書。他為此高興極了，第二天急急忙忙到書店去買了一本。他迫不及待地把買來的書打開一看，只見書內僅印有「勤儉」二字，其餘再沒有任何內容了。洛克菲勒幾天寢不成眠，他反覆考慮該「秘訣」的「秘」在哪裡？起初，他認為書店和作者在欺騙他，後來，他越想越覺得此書言之有理。確實，要發財致富除了勤儉之外，別無其他辦法。這時，他才恍然大悟。此後，他將每天應用的錢節省儲蓄，同時加倍努力工作，千方百計地增加一些收入。這樣堅持了五年，積存下八百美元，然後將這筆錢用於經營煤油。在經營中他精打細算，千方百計地將開支節省，把盈利中的大部分儲存起來，到一定時間就把它投入石油開發。照此循環發展，如滾雪球一般使其資本愈來愈多，生意愈做愈人。

經過三十年左右的「勤儉」經營，洛克菲勒成為美國最大的三個財團的首領，一九九六年，其財團屬下的石油公司，年營業額達一千一百多億美元。

即便洛克菲勒成為富豪以後，平時花錢也十分節儉。洛克菲勒衣著樸素，從不鋪張浪費。洛克菲勒每次到飯店住宿，從來只開普通房間。侍者不解詢問：「您兒子每次來都要最好的房間，您何苦這樣？」洛克菲勒回答說：「因為他有一個百萬富翁的爸爸，而我卻沒有。」

洛克菲勒的節儉讓他成為商業巨人。的確，只有懂得簡樸的人才能用心計算怎樣把錢花到該花的地方，怎樣才能把一塊錢變成十塊錢，甚至更多。洛克菲勒的商業觀念告訴我們，任何一分錢都是有價值的，要想賺錢，首先得節約。

另外，節儉也意味著為了將來的利益得到保障，要有抵禦滿足眼前誘惑的能力，這也是人超越於動物本能的高貴之處。節儉完全不同於吝嗇，因為正是由於節儉才能使一個人能夠時時表現得慷慨大方，正如迪安・斯威夫特所說的：「我們腦子裡必須有金錢概念，但是，不能一心想的都是金錢。」

顯而易見，節儉就是適度——適度的性格特徵，適度的家庭幸福和社會安定。概而言之，節儉是自助最好的展現。所以，我們在平時的生活中也要養成節儉的習慣。

班傑明・佛蘭克林的道德修養課

班傑明・佛蘭克林的十三條道德修養之一就是節儉，即花錢須於人於己有益，也不浪費。財富，不是靠運氣、遺產積聚而成，真正的財富是靠勤勞工作、堅持不懈、善於計畫和克己自律的生活得來的。節儉的精髓實際上是一種遠見和智慧。它教會人們抵制低級趣味，不役於錢、不役於物，做一個自由而有尊嚴的人。

不要因為瑣事而煩惱

班傑明·佛蘭克林的十三條道德修養之一就是寧靜。他說，要做到寧靜，我們就不應該因為瑣事而煩惱。人活在世上只有短短幾十年，卻浪費了很多時間去為一些一年之內就會忘卻的小事犯愁。

一九四五年三月，羅勒·摩爾和其他八十七位軍人在「貝雅·SS318號」潛艇上。當時他們的雷達發現一支日本艦隊朝他們開來，於是他們就向其中的一艘驅逐艦發射了三枚魚雷，但都沒有擊中。這艘艦也沒有發現。但當他們準備攻擊另一艘佈雷艦的時候，它突然掉頭向潛艇開來（是一架日本飛機看見這艘位於六十英尺深的潛艇，用無線電告訴了這艘佈雷艦）。他們立刻潛到一百五十英尺深的地方，以免被日方探測到，同時也準備應付深水炸彈。他們在所有的船蓋上多加了幾層栓子，同時為了沉降保持安靜，關閉了所有的電扇、冷卻系統和發動機器。

三分鐘之後，突然天崩地裂。六枚深水炸彈在他們的四周爆炸，把他們直往水底壓——深達二百七十六英尺的地方，他們都嚇壞了。按常識，如果深水炸彈在離它十七英尺之內爆炸的話，差不多是在劫難逃。那艘佈雷艦不停地往下扔深水炸彈，攻擊了十五個小時，其中有十幾個炸彈就在離他們五十英尺左右的地方爆炸。他們都躺在床上，保持鎮定。但羅勒・摩爾卻嚇得不敢呼吸，他在想：「這回完蛋了。」在電扇和空調系統關閉之後，潛艇溫度升到近四十度，但摩爾卻全身發冷，穿上毛衣和夾克衫之後依然發抖，牙齒打顫，身冒冷汗。

十五小時之後，攻擊停止了，顯然那艘佈雷艦的炸彈用光以後就離開了。這十五小時的攻擊對摩爾來說，感覺上就像有一千五百年。他過去的生活都一一浮現在眼前，他想到了以前所幹的壞事，所有他曾擔心過的一些無稽的小事。

在他加入海軍之前，他是一家銀行的職員，曾經為工作時間長、薪水太少、沒有多少機會升遷而發愁；他也曾經為沒有辦法買自己的房子、沒有錢買部新車子、沒有錢給妻子買好衣服而憂慮；他非常討厭自己的老闆，因為這位老闆常給他製造麻煩；他還記得每晚回家的時候，自己總感到非常疲倦和難過，常常跟自己的妻子為了一點兒芝麻小事吵架；他也為自己額頭上的一塊小傷疤發愁過。

多年以前，那些令人發愁的事看起來都是大事，可是在深水炸彈威脅著要把他送上西天的時候，這些事情又是多麼的荒唐、渺小。就在那時候，摩爾向自己發誓，如果他還有機會見到太陽和星星的話，就永遠不會再憂慮。他認為在潛艇裡那可怕的十五小時裡所學到的，比他在大學讀了四年書所學到的要多得多。

不要為小事煩惱，這是一個經過人災大難的人才悟出的人生箴言。當自己處在危難的時候，當自己面臨死亡的邊緣時，才會覺得人的一生是多麼的不易，才會感覺平時那許多小事真的不值得煩惱。對個人的得失，更覺得不值得計較。生命最重要，健康就是最大的幸福，還有什麼事值得煩惱的？

然而，大多數人並不能完全理解其中的道理。現實生活中，誰沒為小事煩惱過呢？如果是，那麼從今天起發誓不要再為它們煩惱，它們不只浪費我們的時間，還敗壞我們愉快的心情。

在美國科羅拉多州長山的山坡上，有一顆大樹倒下了。自然學家告訴我們，它曾經有過四百多年的歷史。在它漫長的生命裡，曾被閃電擊中過十四次，它都能戰勝。但在最後，一群甲蟲的攻擊使它永遠倒在了地上。那些甲蟲從根部向裡咬，漸漸傷了樹的元氣，雖然它們很小，卻是持續不斷地攻擊。這樣一棵森林中的巨木，歲月不曾使它枯萎，閃電不曾將它擊倒，狂風暴雨不曾將它動搖，卻因一群用大拇指和食指就能捏死的小甲蟲而倒了下來。

由此看來，很多時候人們不會被大石頭絆倒，卻會因小石子摔倒。高山登不上，不是因為體力不支，只因鞋裡的一粒沙子。所以說人生短暫，記住，不要浪費時間去為小事煩惱。的確，生命太短暫。那種早晨剛睜開眼轉瞬間已近黃昏的變化，會讓人感到恐懼。那麼多有待我們去欣賞和感受的美好，我們哪還有時間去為那些明天註定要被遺忘的事情煩惱呢。

班傑明・佛蘭克林的道德修養課

人生是短暫的，所以，生活中不要因一些雞毛蒜皮、微不足道的小事而耿耿於懷，為這些小事而浪費你的時間、耗費你的精力是不值得的。只要我們能夠以寧靜的心態去面對生活中的瑣事，那麼，我們就會享受到生活本應有的快樂與幸福。

知足者常樂，因為他永遠不會失望

班傑明・佛蘭克林說，知足者常樂，因為他永遠不會失望。的確，知足常樂是一種人生的境界，是生活的智慧，是尋求生命平衡的一種方式。知足常樂是幸福的秘訣。

因為種種原因，蘇格拉底的舊居要拆，他們要搬到五樓去住。朋友們幫他搬家時說五樓是頂層，搬起東西來頗為不便，他應該換一個低一點的樓層。蘇格拉底卻說五樓好，可以免受底樓的潮濕之苦。

後來，蘇格拉底又從五樓搬到了一樓，上次搬家的朋友又來搬家，說這次不好了，因為一樓的地面經常濕漉漉的。這位世界聞名的大哲學家又是爽朗一笑，說一樓好，可以免去搬東西的辛苦。

偉大的哲學家蘇格拉底，無論身處何種不利的情況下，他永遠是滿足的、快樂的、幸福的。這就是智者。但是世界更多的卻是俗人。俗人來到世上，慾望一個接一個，得寸進尺，永不滿足，永無休止，叫做「慾壑難填」。壑者，萬丈深淵，怎麼能填得滿？因為不滿足，所以不快樂，覺得不幸福。解決的辦法就是，時時自我滿足，知足常樂。

饕餮是我國古代傳說中的一種怪獸，它沒有身體，只有一個巨大的頭和一張碩大的嘴。它十分貪吃，逮著什麼就吃什麼。由於吃得太多，饕餮最後被撐死了。

蝜蝂是一種愛背東西的小蟲。爬行時只要遇到東西，就都抓取過來背上。東西越背越重，即使非常勞累也不停止，最終精疲力盡跌倒摔死在地上。

放眼望去，在當今社會的各個角落，像饕餮和蝜蝂這樣被撐死和累死的還真不少，這都是貪慾所引起的。就像人喜歡吃的食物吃得太多，膩了；喜歡聽的故事聽得太多，悶了；喜歡看的漫畫看得太多，厭了；喜歡要的東西要太多了，倦了。物極必反，水滿則溢。貪慾多了，反而會感到悲哀和不幸，所以凡事都要有把尺，適可而止。

有一個人窮困潦倒，家徒四壁，甚至連睡覺的床都買不起，只有一張長凳供他晚上睡覺。上帝體察他在人間的孩子時，發現了他，於是就給了他一個裝錢的口袋，說：「這個袋子裡有一個金幣，當你把它拿出來以後，裡面又會有一個金幣，你可以選擇拿幾個金幣。但是，只有當你把這個錢袋歸還給我後，你才能使用這些金幣。」

窮人非常開心，就不斷地往外拿金幣，半天功夫，地上到處都是金幣，就算是他這一輩子什麼也不做，這些錢也足夠他花了。但每次當他決心歸還那個錢袋的時候，他都捨不得。於是他就不吃不喝地一直往外拿著金幣，直到屋子裡全堆滿了金幣。最後，他虛弱的沒有了一絲力氣，終於死在了錢袋的旁邊，屋子裡卻裝滿了金幣。

這就是貪婪之心。其實貪婪就像海水，越喝得多就越感到渴。慾望的永不滿足，不停地誘惑著我們追求物慾的最高享受，然而過度地追名逐利往往會使我們迷失生活的方向，甚至像那個不斷掏金幣的窮人一樣，付出生命的代價。凡事適可而止，才能把握好自己的人生方向，才能時刻感到幸福。

西班牙和美國心理學家在一九九二年巴賽隆納奧運會田徑比賽場上，用攝影機拍攝了二十名銀牌獲得者和十五名銅牌獲得者的情緒反應。心理學家們發現，在衝刺之後和在頒獎臺上，「第三名」看上去比「第二名」更高興。

研究人員對這一現象進行了分析，最後得出結論：因為銅牌獲得者通常對自己的期望值並不是很高，獲得銅牌也許是他為自己制定的目標，也許是他根本沒期望的好成績，不管怎樣都是一個驚喜，因此已經很高興了；而銀牌獲得者的目標往往就是金牌，沒有奪冠當然會覺得遺憾。事實也的確如此，每當記者在領獎後採訪獲獎運動員時，許多亞軍幾乎都會說：本來有希望成為冠軍的。而季軍的獲得者會因為自己闖入了前三名而十分知足。

知足和不知足是截然不同的對待人生的態度，人在內心裡都有對金錢、地位、成功、以及幸福和快樂的渴望，只是所滿足的度不同罷了。可是人生苦短，歲月如流，樂天知命，為什麼不快快樂樂的。平安是福，健康是福，只要家庭和睦，歡樂地過完每一天，何嘗不是幸福呢？平凡人過著平凡的生活，懷著一顆平常的心，能快樂地對著每一件平凡事，這就是我的不平凡。只有知足者，人生才會常樂！

班傑明・佛蘭克林的道德修養課

知足常樂並不是一種消極，並不是不思進取，滿足於現狀，這是對現實的一種正確的反應，是對現實生活的欣然接受；知足常樂，是一種與世無爭的心態，是安於平凡但絕不平庸的生活哲學，也是一種不經意間的幸福。

Chapter

FIVE

馬克·奧勒留的處世哲學

馬可·奧勒留·安東尼（西元一二一－一八〇），原名馬可·阿尼厄斯·維勒斯，是斯多亞派著名哲學家、古羅馬帝國皇帝。《沉思錄》是馬可·奧勒留寫給他自己如何好好活著的手冊，他在馬背上為自己的國家和子民征戰，卻依然能用如此誠摯和美好的筆觸勾勒出這些樸實而又令人深思的話語。直到今天，馬克·奧勒留和他的《沉思錄》仍對現代人有深遠的影響。

心懷仁愛，才能化解怨恨

馬可・奧勒留在《沉思錄》中寫道：「你不滿足於你做了符合你本性的事情，而還想尋求對它的酬報嗎？就像假如眼睛要求給觀看以酬報，腳要求給行走以酬報一樣嗎？因為這些身體的部分是因為某種特殊目的而造就的，通過按照它們的各自結構工作而獲得屬於它們自己的東西；所以人也先天就是為仁愛而創造的，當他做了仁愛的行為或者別的有助於公共利益的行為時，他就是符合他的結構而行動的，他就得到了屬於他自己的東西。」

可見，人要從仁愛中獲得快樂是奧勒留的深刻感受。作為我們平凡人也同樣要心懷仁愛，化解怨恨，讓世界充滿善良、仁愛和幸福。

仁愛即「愛人如己」。想要別人「愛己如人」，就要自己先做到「愛人如己」。

一天夜裡，一對老夫婦走進一家旅館，他們需要一個房間。前檯侍者回答說：「對不起，我們旅館已經客滿了，一間空房也沒有剩下。」侍者感受到了二位的疲憊，轉念又說：「也許，還可以努力一下……」

侍者帶老夫婦來到一個房間，說：「這間屋子可能不合你們的意，但是這是我唯一能做到的了。」夫婦倆覺得房間乾淨整潔，很不錯，就很高興地道了謝。

天亮了，老夫婦養足精神準備再次上路，他們來到前檯結帳，侍者卻說：「不用花錢，你們住的是我的員工宿舍——祝你們旅途愉快！」原來是這樣。侍者自己一晚沒睡，在前檯值了一個通宵的夜班。兩位老人十分感動，老頭子說：「孩子，你是我見到過最好的旅店經營人。你會得到報答的。」侍者笑了笑，說這算不了什麼。他送老人出了門，轉身接著忙自己的事，把這件事情忘得一乾二淨。沒想到有一天，侍者接到了一封信函，打開一看，裡面有一張去紐約的單程機票並有簡短附言，聘請他去做另一份工作。他搭乘飛機來到紐約，按信中所標明的路線來到一個地方，抬眼一看，一座金碧輝煌的大酒店聳立在他的眼前。原來，幾個月前的那個深夜，他接待的是一個有億萬資產的富翁和他的妻子。富翁為這個侍者買下了一家大酒店，深信他會經營管理好這個大酒店。而這個大酒店就是大名鼎鼎的希爾頓飯店。

也許有人要說，心懷仁愛並不難，每個人都可以心懷仁愛，但如果進一步要求其將以往的怨恨轉化為仁愛就不容易了。而能否將怨恨轉化為仁愛，恐怕是檢驗是否真正心懷仁愛之心的重要標準了。

二戰的時候，一支部隊與敵軍在森林中相遇，經過一番戰鬥，有兩名小戰士與部隊失去了聯繫。他們是來自同一個小鎮的戰友。兩人在森林中艱難跋涉，互相鼓勵、安慰。十多天過去了，他們仍未與部隊聯繫上，不過幸運的是，他們打死了一隻鹿，依靠鹿肉又可以艱難度過幾日了。可也許是戰爭的緣故，動物四散奔逃或被殺光，這以後他們再也沒碰到任何動物。年輕戰士身上的那一點點鹿肉成為了他們唯一的希望。

又是一天，他們在森林裡遇見了敵軍，經過一番激戰他們倖存下來。就在他們自以為已經安全時，只聽到一聲槍響，走在前面的年輕戰士中了一槍，幸虧在肩膀上。後面的戰友惶恐地跑了過來，他害怕到語無倫次，抱起戰友的身體淚流不止，趕忙把自己的襯衣撕下包紮戰友的傷口。晚上，未受傷的戰士一直叨念著母親，兩眼直勾勾的。他們都以為生命即將結束，都想把生還的機會留給對方，身邊的鹿肉誰也沒動。只有上帝知道這對於他們是多麼漫長的一夜。

誰也沒有想到幸福來得那麼快，第二天他們就獲救了。

時至今日，受傷的戰士說：「在我身上留下槍傷的就是我最親愛的戰友。他去年去世了。在他抱住我時，我碰到了他發熱的槍管，但當晚我就寬恕了他。我知道他想獨吞我身上帶的鹿肉活下來，但我也知道他活下來是為了他的母親。此後三十年，我裝著根本不知道此事，也從不提及。戰爭太殘酷了，他母親還是沒有等到他回來。回來後，我和他一起祭奠了老人家。他跪下來，請求我原諒他，我沒讓他說下去。我們成為這幾十年裡最親近的朋友，我必須原諒他。」

一顆寬容之心將怨恨化作了仁愛，於是有了後來三十年彼此的生死友誼，有了三十年彼此的知心相伴，有了三十年彼此的信服生活，這就是仁愛的力量。

馬克·奧勒留的處世哲學

正如馬可·奧勒留給我們的啟示那樣，人不能活在怨恨中，怨恨就像陰霾的天氣，埋藏的時間越長對人的不利影響就越大。所以，儘快將你心中的怨恨也就是陰霾轉化成仁愛，寬恕別人的同時仁愛自己。

憎恨是折磨彼此的枷鎖

在社會文明程度遠不及今天的古羅馬時代，奧勒留就總結了人不能在憎恨中生存的道理，因為憎恨別人對自己是一種很大的損失。正如他在《沉思錄》中所說：

「一日之始就對自己說：我將遇見好管閒事的人、忘恩負義的人、傲慢的人、欺詐的人、嫉妒的人和孤僻的人。他們染有這些品性是因為他們不知道什麼是善，什麼是惡。但是我作為知道善和惡的性質、知道前者是美後者是醜的人；作為知道做了錯事的人們的本性是與我相似，我們不僅具有同樣的血液和皮膚，而且分享同樣的理智和同樣的一分神性的人，決不可能被他們中的任何一個人損害，因為任何人都不可能把惡強加於我，我也不可能遷怒於這些與我同類的人，或者憎恨他們。」

你要知道，憎恨是自己受折磨，當你憎恨一個人的時候，你自己的心是在隱隱作痛的。而你所憎恨的那個人，卻是無動於衷的。

憎恨一個人，你的目的是希望因為你的憎恨而使對方遭遇不幸。而在對方遭到不幸之前，往往你都是不幸的。你所憎恨的那個人遂了你的願，陷入萬分不幸與痛苦之中。而你除了慶賀你的憎恨奏效之後，還剩什麼呢？

曼德拉曾被白人統治者關押在遙遠偏僻而又荒涼的大西洋小島上二十七年，只因他反對白人種族隔離政策。雖然曼德拉年齡已經很大了，卻沒有躲過任何的虐待和毒打。

這座小島上環境惡劣，動物很多。曼德拉被關在總集中營一間「鋅皮房」，白天打石頭，將採石場的大石塊碎成石料。他有時要下到冰冷的海水裡撈海帶，有時要採石灰。他每天早晨排隊到採石場，然後被解開腳鐐，在一個很大的石灰石場裡用尖鎬和鐵鍬挖石灰石。看管曼德拉的共有三人，總是找麻煩虐待這位老人。

然而，出獄後的曼德拉眾望所歸地當選為總統，就職典禮上他的一個舉動震驚世界。總統就職儀式開始後，曼德拉起身致辭歡迎來賓。他依次介紹了來自世界各國的政要，然後他說，能接待這麼多尊貴的客人，他深感榮幸，但他最高興的是，當初在羅本島監獄看守他的三名獄警也能到場。他很禮貌地與他們打招呼，並向在場嘉賓介紹。

曼德拉的博大胸襟和寬容之舉，讓更多的人對他肅然起敬。

牢獄歲月給了曼德拉時間與激勵，也使他學會了如何處理自己遭遇的痛苦。獲釋當天，他的心情平靜：「當我走出囚室邁過通往自由的監獄大門時，我已經清楚，自己如果不能把悲痛與怨恨留在身後，那麼我其實仍在獄中。」

一顆不能承受傷害的心靈是脆弱而難以生存的，一顆不能諒解傷害並寬容異己的心靈是狂暴而可怕的，因為仇恨不僅傷害別人，也折磨自己。寬容不僅是一個人、一個社會必要的德性，也是一種非此不可的生存智慧。只有學會寬容，才有足夠的心力承擔生活的重負。

在奧勒留看來，憎恨是把雙刃的劍，刺傷別人的同時，也傷到了自己！人是有感情的動物，有愛就會有恨，愛讓人感覺到陽光和溫暖，恨卻讓人的內心變得陰冷和可怕！憎恨令人失去理智後所做出來的事情常常是清醒後追悔莫及的。可見憎恨是不值得的，當你心中有了「恨」時，就意味著你自己主動放棄了溫馨舒適的生活，自己將自己推向了絕望的深淵！

「世事如棋，讓一招不為我；心田似海，納百川方能容人。」寬容能帶來仁義，博得讚美。懂得寬容，才會用寬大的氣量去感受相逢一笑泯恩仇的快樂。凡事包容，凡事忍耐。這樣就能在感化他人的同時，也能從中感化自己！

馬克・奧勒留的處世哲學

當我們開始意識到自己正在仇視他人或事時，要立即停止，而最好的化解仇恨的方法就是換位思考，站在別人的角度去思考，你可能就會理解他這樣做的原因。理解了就不會再去仇視了，便會產生樂觀、和諧的思想！

慾望是作惡的心理根源

慾望是人類與生俱來的。它是本能的一種釋放形式，構成了人類行為最內在與最基本的要素。在慾望的推動下，人不斷佔有客觀的東西，從而與自然環境和社會形成了一定的關係。通過慾望或多或少的滿足，人作為主體把握著客體與環境，和客體及環境取得統一。在這個意義上，慾望是人改造世界也改造自己的根本動力，從而也是人類進化、社會發展與歷史進步的動力。

但慾望的過度釋放會造成破壞的力量。叔本華說過：「慾望過於劇烈和強烈，就不再僅僅是對自己存在的肯定，相反會進而否定或取消別人的生存。」用「上帝的命定」或「天理」來取消或壓制別人的慾望是不合理的，但過度推崇與放縱慾望也是愚蠢的。慾望不是純粹的、絕對的東西，它需要理智的調控與節制，它也絕不可能像有人聲稱的是文明發展的唯一動力。

一位修道者準備離開村莊到山上隱居修行。他只帶了一塊布當做衣服，就一個人到山中居住了。後來他想到當他要洗衣服的時候需要另外一塊布來替換，於是就下山到村莊中向村民們乞討一塊布當做衣服。村民們敬仰他修道的虔誠，就慷慨地將布送給他。

回到山上之後，修道者又遇到了新問題。他發覺在他居住的茅屋裡就有一隻老鼠，常常在他專心打坐的時候來咬他那件準備換洗的衣服，他早就發誓一生遵守不殺生的戒律，因此他不願意去傷害那隻老鼠，但是他又沒有辦法趕走那隻老鼠，所以他回到村莊中，向村民要一隻貓來飼養。得到了一隻貓之後，他又想到了——「貓要吃什麼呢？我並不想讓貓去吃老鼠，但總不能跟我一樣只吃一些水果與野菜吧！」於是他為了讓貓生存，又要了一頭奶牛。

但是回到山上之後，修道者又遇到了新問題。他發覺每天都要花很多的時間來照顧那頭母牛，於是他又回到村莊中，他找到了一個可憐的流浪漢，於是就帶著這個無家可歸的流浪漢到山中居住，幫他照顧乳牛。流浪漢在山中居住了一段時間之後，他跟修道者抱怨說：「我不能像你這樣，我需要的是正常人的生活，我需要享受天倫之樂。」

修道者想一想也有道理，不是所有人都可以做修道者的……

可想而知這個故事的結果了，到了後來，整個村莊都被搬到山上去了。

慾望就像是一條鎖鏈，一個牽著一個，永遠都不能滿足。慾壑難填，一惡就是如此吧。

關於慾望，奧勒留曾一針見血地指出：「西奧菲拉斯圖斯在他比較各種惡的行為時像一個真正的哲學家那樣說：因為慾望而引起的犯罪，比那些因憤怒而引起的犯罪更應該受譴責。因為因憤怒而犯罪的人看來是由某種痛苦和不自覺的患病而失去了理智，但因慾望而犯罪的人卻是被快樂所壓倒，他的犯罪看來是更放縱和更懦弱。」

所以我們必須自省，自己的身心是否被慾望所控制，是否有太多我們不肯放手的東西。

在印度的熱帶叢林裡，人們捕捉猴子有一套奇特的方式。在一個固定的小木盒裡面，裝上猴子愛吃的堅果，盒子上開一個小口，剛好夠猴子的前爪伸進去，猴子一旦抓住堅果，爪子就抽不出來了。人們常常用這種方法捉到猴子，因為猴子有一種習性，不肯放下已經到手的東西，人們總會嘲笑猴子的愚蠢：為什麼不鬆開爪子放下堅果逃命？審視一下自己的生活和工作以及內心，也許並不是只有猴子才會這樣。

因為放不下到手的職務、待遇，有些人整天東奔西跑，耽誤了更遠大的前途；因為放不下誘人的錢財，有人費盡心思，利用各種機會去大撈一把，結果常常作繭自縛；因為放不下對權力的佔有慾，有些人熱衷於溜鬚拍馬、行賄受賄，不惜丟掉人格的尊嚴，一旦事情敗露，後悔莫及……

生命如舟，載不動太多的物慾和虛榮，要想使之在抵達彼岸時不在中途擱淺或沉沒，就必須輕載，只取需要的東西，把那些應該放下的「堅果」果斷地放下。

讓我們從猴子悲劇中吸取一個教訓，牢牢記住：該鬆手時就鬆手。

奧勒留是非常贊成西奧菲拉斯圖斯對於慾望引起的罪惡的評價的，他也認為：「因快樂而犯的罪比因痛苦而犯的罪更應該受譴責；總之，後者較像一個人首先被人錯待，由於痛苦而陷入憤怒；而前者則是被他自己的衝動驅使做出惡事，是受慾望的牽導。」

馬克・奧勒留的處世哲學

千萬不要被慾望迷住眼睛，更不要為了慾望而去作惡！

學會控制你自己

事實就是已經發生的事情，我們不能讓時光倒流，整件事情重新來過，我們能做的只是接受事實並控制自己的反應，使它朝著更好的方向發展。這正如奧勒留在《沉思錄》中所寫道的：「道德品格的完善在於，把每一天都作為最後一天度過，既不對刺激做出猛烈的反應，也不麻木不仁或者表現虛偽。」

在人生的漫長歲月中，每個人都一定會碰到一些令人不快的情況，它們既是這樣，就不可能是別樣，誰都可以有所選擇。可以把它們當做一種不可避免的情況加以接受，並適應它；或者，讓憂慮毀掉美好的生活。

哲學家威廉・詹姆斯所給的忠告是：「要樂於承認事情就是如此。能夠接受發生的事實。就是能克服隨之而來的任何不幸的第一步。」對於每個人來說，所有遲早要學到的東西，就是必須接受和適應那些不可避免的事實。

法國大將軍陶梅尼在一八一四年的戰爭中，一條腿被敵軍炸傷。他出院返回部隊後，幫他擦皮鞋的勤務兵看到將軍斷了一條腿，嚇得哭了起來。「你哭什麼？」陶梅尼將軍笑著說，「以後你只要擦一隻皮鞋就夠了！這不是很好嗎？」這正驗證了那句話，熱愛人生的人什麼時候都不是失敗者！

在戲劇舞臺活躍五十多年舉世聞名的話劇演員波爾赫德，是一個樂觀豁達的人。當她七十一歲時，突然破產了。更糟糕的是，她在乘船橫渡大西洋時不小心摔了一跤，腿部受傷嚴重，引起了靜脈炎。醫生認為必須把腿部切除。他不敢把這個決定告訴波爾赫德，怕她忍受不了這個打擊。可是，他錯了。波爾赫德注視著醫生，平靜地說：「既然沒有別的辦法，就這麼辦吧。」手術那天，她在輪椅上高聲朗誦戲裡的一段臺詞。有人問她是否在安慰自己。她回答：「不，我是在安慰醫護人員。他們的工作真的是太辛苦了。」

後來，波爾赫德又重新在舞臺上工作，歷時七年之久。當人們驚訝於她驚人的毅力和成功的秘訣時，她笑著並淡淡地說：「我有一個優點，沒有想不開的事情。」

其實對於每個人來說，在生活中都應該習慣因勢利導，因為你的生活並不一定是一帆風順的，在面對挫折時，你要是能這麼想就不會被它嚇倒了，就成功了。

創辦了遍佈全美國的連鎖商店的潘尼說過：「哪怕我所有的錢都賠光了，我也不會憂慮，因為我看不出憂慮可以讓我得到什麼。我盡可能把工作做好，至於結果就要看老天爺了。」

亨利・福特說過：「碰到沒法處理的事情，我就讓他們自己解決。」

克萊斯勒公司總經理凱樂先生說：「如果我碰到很棘手的情況，只要想得出辦法解決的，我就去做。要是幹不成的，就乾脆忘了。我從不為未來擔心，因為沒人知道未來會發生什麼事情，影響未來的因素太多。何必為它們擔心呢？」如果你說凱樂是個哲學家，他一定會非常困窘，因為他只是個出色的商人。但他這種想法，和古羅馬的大哲學家伊匹托塔斯的理論差不多，他告誡羅馬人：「快樂之道不是別的，就是不去為力所不及的事情憂慮。」

威廉・卡賽柳斯在加入部隊不久，就被派去管炸藥。他——一個賣小餅乾的店員，居然成了管炸藥的人！光是想到站在幾千幾萬噸TNT上，就把他連骨髓都嚇得凍住了。他只接受了兩天的訓練，而他所學到的東西使他內心更加恐懼。他怕得不行，渾身發抖，嘴發乾，膝蓋發軟，心跳加速。可又不能當逃兵，不但會丟臉，自己的父母也會臉上無光，而且還可能因為逃跑而被槍斃，因此他只能留下來。在擔驚受怕、緊張了一個多小時之後，他終於能運用常識思考問題了。他對自己說：「就算被炸著了，又怎麼樣？你反正也沒有什麼感覺了。這種死法倒也不錯，總比死於癌症要好得多。這件事必須要做，不做會被軍事裁決，做了就是完成使命的士兵，所以想開些就好了。」

對於威廉來說，執行這個任務已經是不爭的事實，他能改變的只能是自己對這件事的態度和反應，而其他的擔心、恐懼、逃亡的想法都是無謂的，因此就不要再耗費精力在此了，而要積極地去應對眼前的一切。

馬克・奧勒留的處世哲學

奧勒留說：「對必然的事，姑且輕快地接受。」在這個充滿憂鬱、焦慮的世界，今天比以往更需要這幾句話。記住：用你的反應去應對已經無法改變的事實。

記住該記住的，忘記該忘記的

「記住該記住的，忘記該忘記的。改變不能接受的，接受不能改變的」，這是一句很有哲理的話。可什麼是該記的，什麼又是該忘記的呢？

這是阿拉伯一位名字叫做阿里的作家，與他的兩位朋友吉伯、馬沙共同旅行時發生的故事。三人經過一處山谷時，馬沙不小心失足滑落下來。幸虧吉伯拼命拉他，才將他救起。馬沙於是在附近的大石頭上刻下了：「某年某月某日，吉伯救了馬沙一命。」三人繼續走了幾天，來到一條小河邊，吉伯跟馬沙為了一件小事吵起來。吉伯一氣之下打了馬沙一耳光。馬沙跑到沙灘上寫下：「某年某月某日，吉伯打了馬沙一耳光。」當他們旅遊回來後，阿里好奇地問馬沙：「為什麼要把吉伯救你的事刻在石頭上，而將吉伯打你的事卻寫在沙子上？」馬沙回答：「我永遠都感激吉伯救我。而對於他打我侵犯我的事情，將會隨著沙子對字跡的掩埋而忘記和結束。」

奧勒留在提醒我們：「記住別人對我們的幫助、支持和恩惠，洗去我們對別人的怨恨、不滿和挑剔吧。這樣在人生的旅程中你才能更自由、幸福和快樂。」

人們往往能夠對別人的恩惠和支持銘記一輩子，卻對被人的怨恨不能及時忘記，前者是該記住的，而後者是該忘記和釋懷的。

在一個春天的夜裡，在一個城市裡有位年輕的學生，走出公寓去寄一封信，當他自郵筒走回去時，被十幾個不良少年圍了起來，拳打腳踢狠狠揍了一頓，救護車來到之前，他就斷氣了。

兩天之內，員警將這十幾個不良少年一一逮捕。社會大眾都要求嚴懲他們，報紙也希望採取最嚴厲的懲罰。

後來這位死者的家長寄來一封信，他們要求盡可能減輕這些少年的罪行，並籌措一筆基金，作為這一群孩子出獄重生及社會輔導的費用。

他們不願仇恨這些少年。無疑地，他們內心經過相當的掙扎，而且需要有相當強烈的意志才能夠不恨這些肇事的孩子。他們只恨控制這些孩子內心的病態性格。

他們要求讓這些孩子從殘暴、粗魯、仇恨、病態的虐待性格中重生，他們甚至還提供金錢來幫助這一群孩子。

生活中，該忘記的東西總是人們經過思想鬥爭都還難以忘記的。自誇、自私、貪婪、諷刺、仇恨、嫉妒、自憐、邪念、自我意識強烈，這些性格就好像是寄生在人們身上的水蛭，會帶給他們痛苦，使他們生病甚至奪走他們的生命。你可以仇恨這些害蟲，但是應該同情被水蛭所害的受害人。

去愛一個可愛的人並非難事，難的是去愛不可愛的人。要求自己去體諒一個自大、傲慢、尖酸、刻薄、自私、自傲或粗魯的人，這確實是一項很大的考驗。而要求自己去忘記那些給自己造成傷害的人和事就不那麼容易，但這又是擁有智慧人生必須做到的。

要擁有智慧的人生，就要忘記一切毋須銘記的，以求難得的輕鬆自由；銘記一切不可忘記的，以獲取同樣難得的飽滿與充實。

上帝耶和華造了兩個人，並讓他們到人間去體驗生活。兩人中一人叫作「忘記」，另一人喚作「銘記」。「忘記」是一個快活的小夥子，他對人間的萬物產生了濃厚的興趣，整天高興不已。「銘記」則是一名中年漢子，他到人間之後，將所經之事一一銘記在心。當二人被重新召回之時，上帝詢問此行人間的感受。「忘記」一臉快樂地搶先說著：「人間實在是太有趣了！」問及趣在何處，「忘記」一臉迷茫，不知所措。問到「銘記」，他說：「做人太累！」也難怪，「銘記」在人間從頭至尾都在銘記，以致背上了沉重的思想包袱，豈能不累？上帝聽了兩人在人間的境遇，哈哈大笑，後來卻頗有所悟地說到：「看來，對待萬事萬物都不能太偏激。」

人生處世，忘記是寶，銘記是福，做人一味忘記，他的人生固然輕鬆，但空虛乏味，無真正快樂而言；然而一味銘記，又必然為思想壓力所累，亦無快樂可言。所以，真正快樂的人生應是忘記與銘記並重的人生！

馬克·奧勒留的處世哲學

忘記與銘記是一對親密的孿生兄弟，二者不可偏取其一，否則必遭極端之苦，必受偏廢之累。生活中，有許多事情是可以忘記的，有許多事情又是需要銘記的。所以做人應該忘記與銘記二者並重，如此方可得到這樣的人生：輕鬆而自由，飽滿而充實，快樂而智慧。學會忘記與銘記，人生才會智慧而幸福。

保持自我才能獨立處世

每個人的心靈成熟過程，都是堅持不斷地自我發現、自我探尋的過程。除非我們先瞭解自己，否則我們很難去瞭解別人。根據蘇格拉底的說法：「瞭解你自己」是智慧的開端。那麼，你是獨一無二的說法便是現代人對古老智慧的新詮釋了。所以，無論遇到什麼情況，無論是別人的否定、詆毀還是失望，都要相信自己：「你是獨一無二的。」

心靈的成熟過程，就是堅持不斷的自我發現、自我探尋、自我認識的過程。

由於世界大戰爆發，卡爾的工廠宣告破產。他大為沮喪，於是，離開妻兒四處流浪。他對現狀無法釋懷，而且越來越難過，甚至想要跳湖自殺。一個偶然的機會，他看到了一本名為《自信心》的書。這本書給他帶來勇氣和希望，於是他開始尋找作者，希望在那裡得到鼓勵和自信。

歷盡周折，他終於找到了這個作者。在他說完他的故事後，那位作者卻對他說：「我已經以極大的興趣聽完了你的故事，我希望我能對你有所幫助，但事實上，我卻絕無能力幫助你。」他立刻變得很失望。作者緊接著又說：「世界上有能夠幫助你的人，只不過那個人不是我，現在我帶你去找那個人。」

於是作者把他帶到一面清晰的鏡子面前。過了一會兒，作者用手指著鏡子說：「我介紹的就是這個人。在這個世界上，只有這個人能夠使你東山再起。除非坐下來徹底認識這個人，否則，你只能跳到密西根湖裡。因為在你對這個人作充分的認識之前，對於你自己或這個世界來說，你都將是個沒有任何價值的廢物。」那人朝著鏡子向前走了幾步，用手摸摸他長滿鬍鬚的臉孔，對著鏡子裡的人從頭到腳打量了幾分鐘，然後退後了幾步低下頭開始哭泣。幾天後，作者在街上碰見了這個人，他的步伐輕快有力，頭抬得高高的。他從頭到腳打扮一新，看來是很成功的樣子。「那一天我離開你的辦公室時，還只是一個流浪漢。我對著鏡子找到了我的自信。現在我找到了一份年薪三千美元的工作。我的老闆讓我先預支一部分錢給家人。我現在又走上成功之路了。」他還風趣地對作者說：「將來有一天，我還要再去拜訪你一次。我將帶一張支票，簽好字，收款人是你，金額是空白的，由你填上數字。這只是對你的酬謝而已，因為是你幫助我認識了自己，在那面鏡子面前，您讓我真正認識了自己，謝謝。」

是呀，卡爾之所以振作起來不就是在作者的引導下，在鏡子前看到不是自己的自己而頓悟嗎？頓悟出自己應該是誰，不應該是誰。最終他看到了應該是綠寶石的自己，不應該在被挫折掩蓋的時候就認為自己是一塊石子兒。

奧勒留說：「你希望得到一個每小時譴責他自己三次人的讚揚嗎？你希望取悅於一個對自己也感到不悅的人嗎？一個後悔他做過的幾乎一切事情的人會對自己感到欣悅嗎？」其實這句話的意思就是，保持自己的個性和信念，你將不會輕易被別人所左右。

詹姆斯和許多人的命運一樣，在自己仰慕的大公司進行應徵時，被淘汰了。但他並沒有死心，發誓一定要進入這家公司。於是他採取了一個特殊的策略——假裝自己一無所長。他先找到公司人事部，提出為該公司無償提供勞動力。公司未加考慮便分派他去打掃工廠裡的廢鐵屑。一年來，詹姆斯勤勤懇懇地重複著簡單勞累的工作。為了糊口，下班後他還要去酒吧打工。雖然他通過努力得到了上上下下的好感，但是還是沒有人提及可以錄用他的事宜。

上世紀九〇年代初，這家公司的訂單被大批集中退回，導致公司陷入困境。在緊急會議上公司高層一籌莫展，這時詹姆斯闖入會議室，對公司面臨的問題提出了自己的見解和改進設計方案。這個方案，恰到好處地保留了原來機械的優點，同時克服了已出現的弊病。詹姆斯當即被聘為該公司負責生產技術問題的副總經理。

原來，詹姆斯在做打掃工作時，細心觀察了全公司各部門的生產情況，並全部作了詳細記錄，發現了目前各部門所存在的技術問題並努力尋找解決辦法。為此，他花了近一年的時間搞設計，做了大量的統計資料，為最後一鳴驚人積蓄了力量。

詹姆斯不愧是一個聰明人，但他始終相信自己是一個綠寶石，因此在做著沒有任何報酬的工作時，也沒有灰心喪氣、否定自己。因為他知道：「是金子總會發光的。」他在推銷自己的過程中能夠不爭一時的先後，才華不外露，鋒芒內斂；他目光遠大，為自己的發展準備了充分的條件，因此最終獲得了成功。

馬克・奧勒留的處世哲學

一個人是要做石子還是做金子，選擇權在自己手中。但如果堅信自己是金子、是綠寶石，就不要在困難面前懷疑自己，經過磨礪的綠寶石還將更美麗。

忽視那些讓你生氣的人吧

馬可・奧勒留在《沉思錄》中告誡人們：「你沒有閒空或能力閱讀，但是你有閒空或能力防止傲慢，你有閒空超越快樂和痛苦，你有閒空超越對虛名的熱愛，不要煩惱於愚蠢和忘恩負義的人們，甚至不要理會他們。」

不要煩惱和生氣地對待那些生你氣的人，像奧勒留指點的那樣，將這部分煩惱和生氣的時間用於閱讀、快樂、幸福地生活。

有一個婦人心胸狹窄，常常為了不足掛齒的小事生氣。她也知道自己這樣不好，便去求一位聖人為自己談禪說道，開闊心胸。聖人聽了她的講述，什麼也沒說將婦人帶到一間屋子，鎖上門就離開了。

婦人又氣又急繼而暴跳如雷、破口大罵。罵了許久，聖人也不理會。婦人又開始哀求，聖人仍置若罔聞。婦人終於安靜下來、沉默下來了。

這時，聖人來到門外，問她：「您還在生氣嗎？」

婦人說：「我生氣的是為什麼要來這裡自尋煩惱。」

「連自己都不原諒的人怎麼能得到別人原諒呢？」聖人拂袖而去。

又過了一會兒，聖人折返回來又問她：「您還在生氣嗎？」

「已經不生氣了。」婦人說。

「為什麼？」聖人問。

「氣，你也不會放我出去呀。」婦人答道。

「看來你的氣憤之情還很重，全部積壓在心裡了，還是需要繼續爆發。」於是聖人又離開了。

當聖人第三次來到門前時，婦人告訴他：「我真的不生氣了，因為實在不值得生氣。」

「既然你知道值得不值得，說明你心中還是有是非觀念的，但你的心中仍有餘氣。」聖人笑道。

終於，婦人開口問聖人：「大師，到底什麼是氣？」這時聖人的身影正迎著夕陽立在門外。

聖人什麼話也沒說，只是將手中的茶水灑了一地。婦人看了很久，頓悟，言謝而去。

何苦要氣？氣便是別人吐出而你卻接到口裡的那種東西，你吞下便會反胃，你不看它時，它便會消散了。氣是用別人的過錯來懲罰自己的蠢行。

夕陽如金，皎月如銀，人生的幸福和快樂尚且享受不盡，哪裡還有時間去氣呢？而為那些令你煩惱和生氣的人而生氣就更加不合算了。

一隻健碩的駱駝正在沙漠裡跋涉著。正午的太陽像一個大火球，曬得它又餓又渴，焦躁萬分，一肚子火不知道該往哪裡發才好。正在這時，一塊玻璃瓶的碎片把它的腳掌硌了一下，疲累的駱駝頓時火冒三丈，抬起腳狠狠地將碎片踢了出去，卻不小心地將腳掌劃開了一道深深的口子。鮮紅的血液頓時染紅了沙粒，升騰起一股煙塵。生氣的駱駝一瘸一拐地走著，一路的血跡引來了空中的禿鷲。它們在駱駝上方的天空中盤旋著。駱駝心裡一驚，不顧傷勢狂奔起來，在沙漠上留下一條長長的血痕。跑到沙漠邊緣時，濃重的血腥味引來了附近沙漠裡的狼。疲憊加之流血過多，無力的駱駝只得像隻無頭蒼蠅般東奔西突，倉皇中跑到了一處食人蟻的巢穴附近。鮮血的腥味惹得食人蟻傾巢而出，黑壓壓的向駱駝撲過去，一眨眼就像一塊黑色的毯子一樣把駱駝裹了個嚴嚴實實。不一會兒，可憐的駱駝就鮮血淋漓地倒在地上了。臨死前，這個健碩的駱駝後悔不已：「我為什麼跟一塊小小的碎玻璃生氣呢？以至於葬送了自己的性命！」

一個把大量的精力和思考耗費在無謂的煩悶上的人，不可能全部地發揮出他固有的能力，只會落得一副庸庸碌碌的境地。煩惱和生氣，這個東西會洩漏一個人的精力，阻礙一個人的志向，減弱一個人真正的力量，並損害人們的健康。

世界上沒有一個人因煩惱而獲得好處，也沒人因煩惱而改善自己的境遇，但煩惱卻在隨時隨地損害人們的健康，消耗人們的精力，減少工作效能。如果一個商店裡的職員利用自己職務上的便利，今日拿一點金錢，明日偷一點東西，這樣久而久之，他自己也知道，一旦被店主發覺這種行為，他就沒臉面見人了。於是，所偷竊的這一點點東西會在他的心裡變為一個更兇惡的竊賊——煩惱，煩惱便會劫奪他的體力，消耗他的精力，損壞他的一切。

煩惱對工作品質會有十分明顯的影響。思想散亂的時候，在自己的工作上也決無出色的表現。因為思維紊亂會使人失去清楚思考、合理規劃的能力，腦細胞中一旦灌注了煩悶的毒汁以後，注意力也不再能夠集中。

那些能夠使你充滿煩惱和生氣的人，本身就不是你自身應該為其傾注很多精力的人，而你如若為此整天處在煩惱之中，生命便消磨得很快。為何有些未到中年的人已經略顯老態，這倒不是由於她們做了苦工或者遭遇了困難，而是因為日常的憤怒。這憤怒給予她們家庭的是不和諧和不快樂，給了她們自己的是衰老。

馬克．奧勒留的處世哲學

有人說，煩惱、生氣好似一把鑿子，在人的面孔上鑿出無情的皺紋來。煩惱不但使人的面容衰老，還會使人的心靈衰老。

因此要堅決醫治煩惱之病。這種醫治無須尋訪醫生，更無須入藥房，你完全可以自己醫治。這藥就在自己的思想裡，在煩惱的時候，你只要用希望、勇敢、樂觀、寧靜來代替失望、沮喪、悲觀和煩躁，煩惱在你的心靈中就無從生存了。

失去理智，多半是因為憤怒作祟

人在不愉快的時候，往往會發火，產生憤怒情緒，從輕微的煩躁不安到嚴重的咆哮發怒，亂摔東西，甚至喪失理智。

心理學認為，憤怒是一種不良情緒，是消極的心境，它會使人悶悶不樂，低沉陰鬱，進而破壞人與人之間的關係，阻礙情感交流，導致內疚與沮喪。有關醫學資料認為，憤怒會導致高血壓、潰瘍、失眠等疾病。據統計，情緒低落、容易生氣的人患癌症和神經衰弱的可能性要比正常人大。憤怒像一種心理上的病毒，會使人重病纏身，一蹶不振，其危害絕不在生理病毒之下。

皮索恩是一位品德高尚、受人尊敬的軍事領袖。一次，一位士兵偵察回來，沒能說清楚跟他一起去的另一位士兵的下落。皮索恩憤怒極了，當即決定處死這位士兵。就在這位士兵被帶到絞刑架前時，失蹤的士兵回來了。但結果出人意料：皮索恩由於羞愧更加暴怒，處死了三個人。第一位士兵——堅決執行下達的死刑令；第二位士兵——由於沒有及時歸來，造成第一位士兵被處死；第三位——劊子手——因為執行命令。

這就是因憤怒而失去理智的可怕結果。關於憤怒這一點，奧勒留曾深刻地指出：「人的靈魂的確摧殘自身，首先是在它變成宇宙的一個腫塊的時候，或者說，就其可能而演變成一個贅生物的時候。因為，為發生的事情煩惱就是使我們自己脫離本性，所有別的事物的本性都包含在這一本性的某一部分之中。其次，靈魂摧殘自身是在它被什麼人排斥甚或懷著惡意攻擊的時候，那些憤怒的人的靈魂就是這樣。」

一旦明瞭憤怒的危害，接下來的事就是要學會自我控制。憤怒情緒是思維的結果。生活中的一些小事，往往不能細想，與其越想越氣，不如把它拋在腦後，以保持心境的平和。確立了這種自我意識，就能逐步實現控制憤怒，最後達到消除它的目的。

要動怒時，不妨花一點時間冷靜地描述一下自己的感覺和對方的感覺，以此來消氣。還可以試試推遲動怒的時間。如果碰到某一具體情況總是動怒，那麼先克制十五秒鐘，然後照常發火，下一次克制三十秒鐘，以後不斷延長間隔時間，一旦意識到可以推遲動怒，人便學會了自我控制，推遲也就意味著控制。經多次練習，會最終完全消除憤怒。研究發現，最初的十秒鐘是至關重要的，一旦熬過了這十秒鐘，憤怒便會逐漸消失。

總之，控制自己就是鍛鍊自己心理平衡的能力，培養自己的忍耐力。當自己認識到憤怒不是人的唯一本性時，人便會不理會別人的言行，大膽地選擇精神愉快，而不是憤怒。發怒就像「雙刃劍」，既傷別人也會傷及自己，正如人們常說的「氣大傷身」。古話說得好：「退一步海闊天空」。用在制怒上也非常合適。

下面為你提供一些制怒的參考：

1. **器物發洩**。

古羅馬人手裡總是拿著特別的樽（古代飲器），遇到氣憤時能隨時把它打碎；聰明的日本人在事務所裡放個上司的泥塑，供下屬下班後敲打發洩，如果沒有多餘的餐具，也沒有泥塑，可以通過其他途徑發洩。

2. 自制能力。

自制能力始終十分重要，特別那些處於顯赫地位的人在脈搏加快之前，把要解決的問題放一放，平靜一下自己。

3. 沉默應對。

沉默是對付憤怒的好方法。俄國歷史上的女皇葉卡捷琳娜・韋利卡婭就不止一次採用這種方法。當她對某大臣產生憤怒時，就急忙喝一大口水，在房間裡不停地走動，直到憤怒被寬容代替。

4. 拖延法則。

被激怒了，先不要激動，冷靜地全面考慮一下衝突，也許會得出結論：激怒是沒有根據的。那還生什麼氣呢？

5. 保持微笑。

當你被憤怒控制處於激動之中，會做出許多傻事。遇到這種情況，要神態清醒。即使是裝也要微笑。原來，微笑會創造奇蹟。你剛咧開嘴，腦海裡立刻浮現一些愉快的事，所有器官從準備「戰鬥」的狀態中獲得解決，血液趨於均勻，心臟跳動有節奏，大腦供氧得到改善。想一想，感情是很有感染力的。如果說，憤怒引來憤怒，那麼，微笑回報微笑。

6. 動作息怒。

試一試那些能聚精會神的動作，例如，咬緊嘴唇，舌頭緩慢沿上齶做切線移動五～六次，然後默默數到十。再做幾個深呼吸。反覆幾次也能擺脫憤怒。

以上的每一點都是我們日常生活中，甚至是發怒之前就可以做到並抑制的，因此不要以為發怒是多麼不可抑制、不可逆轉的事情。

馬克・奧勒留的處世哲學

記住奧勒留說過的話，不要用發怒的方式來摧殘自身。

走正確的路，得到幸福的一生

著名的美國詩人羅伯特·弗羅斯特曾在《未選擇的路》中寫到：「它荒草萋萋，十分幽寂，顯得更誘人，更美麗。毫無疑問，他選擇的是人跡更少的路。」這句看似簡單的話，卻飽含了人生的哲理。

無論是評價一個人或一件事，都要以不同的著眼點來看待，就像走一條人少但正確的路，總是會比隨波逐流走人多的路看到的風景要多、要豐富。對於這一點，奧勒留說過這樣一句話：「如果你能走正確的道路，正確地思考和行動，你就能在一種幸福的平靜流動中度過一生。這兩件事對於神的靈魂和人的靈魂，對於理性存在的靈魂都是共同的，不要受別的事情打擾。」

這就像為人父母的，要把孩子從小養大，朝夕相處，別人看不到的，父母能看到；別人體會不到的，父母深有體會。孩子到底是個怎樣的人，父母自己最清楚。

但很多父母卻不以自己的眼光去看孩子，不以自己的標準去衡量他，反而把「大家」的評價置於自己的評價之上。

「大家」認為孩子不行，父母就覺得他不行，「大家」認為好孩子應該是什麼樣的，父母就認為應該把孩子培養成什麼樣；「大家」表揚自己的孩子，父母就笑成一朵花；「大家」說自己的孩子有毛病，父母就對孩子大發雷霆。自己為什麼就不想一下，「大家」是不是真的瞭解自己的孩子？「大家」的評價標準是不是真的合適？

因此無論做什麼事都要做到「選擇正確的路而不是人多的路」，正像人們較為時髦的說法：「走自己的路，讓別人說去吧！」。據說這句時髦的話是世界上被引用最多的一句格言，說明人大多是不被「大家」所理解的，都為此而苦悶彷徨，都需要從這句話中汲取力量。每個人都會受到誤解，越優秀的人越與眾不同，受到的誤解就越多，所以要堅定，無論你是不是被「大家」所看好，都要相信自己，朝著自己的目標堅定不移地走下去。

但同時還有另一句話時髦的話：「走自己的路，讓別人去打吧！」確實，要堅定不移走自己的路，但同時也不要鑽牛角尖，要認清楚這條路是否正確。識時務者為俊傑，很多時候，人應該審時度勢，在前進中不斷地認識自己、修正自己。世界是動態的，人生是動態的，人的自我認識、人的奮鬥目標都是動態的，不要一意孤行。

一個人打著燈籠行走在黑夜裡，艱難地辨認道路，迷失——找回來，再迷失——再找回來。終於，他厭倦了，他不再分辨道路。他吹滅了燈籠，走到哪裡算哪裡吧！這結局如同人用煙草、酒精、鴉片來麻醉自己一樣，讓人心酸。這種選擇和做法與隨波逐流，不做正確的分析、判斷是一樣的道理，結果只能是遠離成功，大眾化。

生活的道路迷茫難辨，迷失的人每當走偏了都會再盡力掙扎到正路上來。但屢屢辨認真偽的麻煩，使人消沉、迷惘、失落……人們便用各種麻醉自我的方法來熄滅心中唯一的光亮——理性。

第一個人準備穿越沼澤地，於是試探前行。雖很艱險，左跨右跳，竟也能找出一段路來。可事不如意，沒走多遠，就葬身爛泥中了。

第二個人準備穿越沼澤地，他看到前面有人的足跡，心想：這一定是有人走過，沿著別人的腳印走一定不會有錯。用腳試著踏去，果然實實在在，於是便放心走下去。最後，身陷爛泥，結束了生命。

第三個人也準備穿過沼澤地，看著前面已經有兩個人的足跡了，因此未多加考慮就上路了，他的結局當然也是一命嗚呼。

這就是不通過理智的頭腦判斷世上的路，而隨波逐流的結果。

馬克・奧勒留的處世哲學

世上的路不是走的人越多就越平坦越順利，沿著別人的腳印走，不僅走不出新意，有時還可能會跌進陷阱。

超脫功利，心安是最好的枕頭

過多的期望，過多的慾念，會擾亂平和自然的。唯有超脫功利世界，心安才是最好的枕頭，可以給你踏實的睡眠和每一天。這就是為什麼奧勒留告誡人們：「毫不炫耀地接受財富和繁榮，同時又隨時準備放棄。」

有一天，一個國王獨自到花園裡散步，使他萬分詫異的是，花園裡所有的花草樹木都枯萎了，園中一片荒涼。後來國王瞭解到，橡樹由於沒有松樹那麼高大挺拔，輕生厭世死了；松樹又因自己不能像葡萄那樣結許多果子，也死了；葡萄哀歎自己終日匍匐在架上，不能直立，不能像桃樹那樣開出美麗可愛的花朵，於是也死了；牽牛花也病倒了，因為它歎息自己沒有紫丁香那樣芬芳。這時，幾乎所有的植物都失去了生機和生氣，只有一株細小的心安草在忘我地生長。

國王問道：「心安草啊，為什麼你跟別人不一樣，總是保持著自己的勇敢樂觀呢？」小草回答說：「國王啊，我一點也不灰心失望，因為我知道，如果國王您想要一棵橡樹，或者一棵松樹、一串葡萄、一株牽牛花、一棵紫丁香等等，您就會叫園丁把它們種上。但是在您的心中，您只是希望安心草就是安心草，永遠都做一棵小小的心安草。」

這是一個讓人感動的寓言，不過我們現在不妨繼續這個寓言。假設國王聽了心安草的話也深深地被感動，然後說：「你們過去是花園裡頂不顯眼的，那麼現在我要讓你們成為頂顯眼的。不，我現在不再讓園丁種植其他的花草樹木了，而只讓他們來伺候你們，給你們最充足的水分和養料，給你們最好的照顧。」

於是，花園裡就只剩下心安草在茂盛地生長，花園裡的風景一天天變得單調了，但這都沒有什麼。奇怪的是，儘管這樣，心安草卻開始變得不安心，因為它們對自己的期望越來越高，它們要求有更好的照顧和營養，它們以為只要通過精心的培養，它們最終就能同時擁有松樹的挺拔、葡萄的多實、桃花的美麗和紫丁香的芬芳。可是由於達不到這樣，它們就變得越來越苦惱，抱怨也越來越多，形容也就越來越憔悴了。

最不妙的是，它們甚至開始變得越來越容不下其他的花草，偶爾有風或者鳥帶來其他花草的種子，它們就中傷和排擠這些與它們不同的花草，說這些花草不美，央求園丁把這些花草除去。甚至它們自己內部也互相妒忌，互相排擠。

於是，當國王又一次來到花園的時候，看到的只是一片荒蕪。當然，這只是一個假設。如果我們喜歡的心安草不再安心，它也就不叫心安草了。

人要達到身輕心安的境界，很容易！只是很多人都放不下對功利的追求，才會這麼辛苦！目光時常能觀照內心的人，才能找到內心的平靜，讓思考更深入。

當我們受困於某個問題，還未有清晰的解決方案時，聰明的辦法是讓心境平和下來，就像一灘混濁的水，慢慢地讓它得到沉澱。

心平靜下來，好的想法就會浮現，這就是所謂「水清魚自現」的道理。

為什麼心靜、安心會帶給人如此大的力量呢？因為這時，我們的壓力自然就降低，我們潛在意識裡的許多思路與念頭，就會有機會引起我們的注意，而讓我們有靈光一現或恍然大悟的體會。

一個人想要拜鼎鼎大名的劍客為師。他向劍客問道：「以學生的資質，需要多少時間才能學成？」劍客回答：「十年。」這個人又問：「如果加倍練習，日以繼夜的練習，又要多久時間？」劍客再次回答：「二十年。」這個人不解地再問：「為什麼我加倍練習，花的時間卻是更長？」劍客答：「一流的劍客，必須放下功利，靜心練劍，他要有兩隻明亮的眼睛，一隻眼睛用來看外在，另一隻眼睛則用來看自己。假如你要分分秒秒地練劍，怎麼會有時間看自己呢！」

和那位劍客一樣，許多人往往只看到外面，而沒有真正向內觀看自己，忽略了自己內心那一片有待開發的沃土。一個真正成功的人，應該有兩隻敏銳的「眼睛」，一隻觀照自己內心世界的習慣領域，一隻觀看外在世界的習慣領域。一個只注意外在世界而不注意自我內在世界的人，常會隨波逐流、不能珍惜自己的無價之寶，不能開發自己的無限潛能。

馬克・奧勒留的處世哲學

我們每天都要提醒自己，放棄功利念頭，讓自己的心平靜下來，讓壓力歸零，好好享受寧靜的時刻。讓我們的思考更深入，對事情有更全面的看法，以開拓更寬闊的人生。

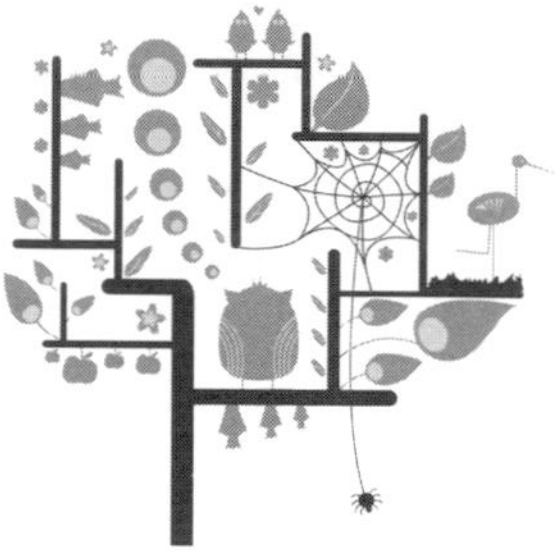

筆記頁

國家圖書館出版品預行編目資料

大師說的對：偉大智者的人生智慧／田鵬編著.
-- 初版. -- 新北市：菁品文化， 2017. 02
面； 公分.--（創智系列；115）
ISBN 978-986-93823-6-6（平裝）

1. 成功法 2. 生活指導

177.2 105024502

創智系列 115
大師說的對：偉大智者的人生智慧

編 著 田 鵬
發 行 人 李木連
執行企劃 林建成
封面設計 上承工作室
設計編排 菩薩蠻電腦科技有限公司
印 刷 普林特斯資訊股份有限公司
出 版 者 菁品文化事業有限公司
地址／23556 新北市中和區永和路 335之4 號 5 樓
電話／02-22235029 傳真／02-22234544
E-mail jingpinbook@yahoo.com.tw
郵政劃撥 19957041 戶名：菁品文化事業有限公司
總 經 銷 創智文化有限公司
地址／23674 新北市土城區忠承路 89 號 6 樓（永寧科技園區）
電話／02-22683489 傳真／02-22696560
網 址 博訊書網：http://www.booknews.com.tw
版 次 2017 年 3 月初版
定 價 新台幣 250 元 （缺頁或破損的書，請寄回更換）

ISBN 978-986-93823-6-6
版權所有·翻印必究 （Printed in Taiwan）
本書 CVS 通路由美璟文化有限公司提供 02-27239968

菁品出版・出版精品

菁品出版・出版精品